ОСНОВЫ ВЕРЫ

церкви назарянина

КТО МЫ – ВО ЧТО МЫ ВЕРИМ

Спонсировано Советом Генеральных Суперинтендантов
Церковь Назарянина

ISBN 978-1-56344-806-5   ver101510

© Copyright 2015. Все права защищены. Церковь Назарянина
(Church of the Nazarene, Inc).

СОДЕРЖАНИЕ

Введение 6

Веслианское учение о святости как наше наследие............... 7

Наша всемирная церковь... 13

Наши основные ценности.. 19

Наша миссия 26

Наши назарянские характеристики 28

Наше веслианское богословие 54

Наши догматы веры 59

Наша экклезиология 69

Наша форма правления 74

Церковь: поместная, на уровне округа и всемирная............ 76

Церковь со взаимосвязями 79

У БОЖЬЕЙ ЦЕРКВИ, В ЕЕ НАИВЫСШЕЙ ФОРМЕ НА ЗЕМЛЕ И НА НЕБЕСАХ, ЕСТЬ СВОИ СОБРАНИЯ, СВОЕ УЧЕНИЕ И ЕДИНОЕ ПРОСЛАВЛЕНИЕ, НО ВСЕ ЭТО СУЩЕСТВУЕТ ДЛЯ ТОГО, ЧТОБЫ ПОМОЧЬ ЧЕЛОВЕКУ ПРЕОБРАЗИТЬСЯ В ОБРАЗ ЕГО СЫНА.

ФИНЕАС Ф. БРИЗИ

ПЕРВЫЙ ГЕНЕРАЛЬНЫЙ СУПЕРИНТЕНДЕНТ ЦЕРКВИ НАЗАРЯНИНА

ВВЕДЕНИЕ

Новое поколение назарян обратилось с просьбой о том, чтобы основы учения, истории, богословия, миссии, финансирования и суть природы церкви были изложены на простом языке в коротком и легкодоступном издании.

«Основы веры Церкви Назарянина» - это собрание коротких статей, которые объясняют, почему существует Церковь Назарянина: кто мы и во что мы верим. Это издание предоставляет возможность лучше понять цель церкви по распространению идеи о святости, изложенной в Писании, и ее миссию по воспитанию учеников подобных Христу во всех народах.

«Основы веры Церкви Назарянина» можно найти в интернете (www.whdl.org и ищите «Основы веры Церкви Назарянина»).

Если вы прочитаете и изучите *«Основы веры Церкви Назарянина»*, то вы узнаете больше о Церкви Назарянина и о ее желании послушно делиться Благой вестью Иисуса Христа.

Замечание: «Основы веры Церкви Назарянина» дополняют, а не заменяют Руководство Церкви Назарянина.

ДЖОН ВЕСЛИ, 1703-1791, ОСНОВАТЕЛЬ ДВИЖЕНИЯ МЕТОДИСТОВ.

НАШЕ НАСЛЕДИЕ

Церковь Назарянина верит, что она является одной из ветвей «единой, святой, вселенской и апостольской» церкви Христа. Благодаря этой вере мы считаем историю христианства своей собственной историей. То есть, мы являемся частью истории Божьего народа, записанной в Ветхом и Новом заветах и на протяжении всей истории человечества. Это включает в себя разнообразные проявления церкви Христовой в разных местах этого мира. Мы признаем ранние христианские символы веры как выражение нашей собственной веры.

Как исторически сложившаяся церковь, мы проповедуем Слово, совершаем таинства, и продолжаем то служение, которое начали апостолы и которое воспитывает учеников, живущих и служащих подобно Христу. Вместе с другими верующими по всему миру и во все времена мы отвечаем на библейский призыв к святой жизни и к полному посвящению Богу. Это называется полным освящением, и мы рады провозгласить нашу веру в это учение.

У христианской истории есть множество ответвлений. Мы унаследовали свой путь от протестантских реформаторов, а если еще точнее, то от английской реформации 16-го века. Далее мы можем проследить наш путь вместе с веслианским возрождением 18-го века. Это возрождение началось с проповеди двух братьев, Джона и Чарльза Весли, и оно распространилось по всей Англии, Шотландии, Ирландии и Уэльсу. В это время большое количество людей обратились от греха и получили силу для христианского служения.

Это возрождение бросило вызов традиционным действиям и практикам церкви, и это характеризовалось следующим:

- Прихожане, которые не являлись священниками или дьяконами, проповедовали.
- Во время богослужений люди свидетельствовали о Божьих действиях в их жизнях.
- Верующих поддерживали в том, чтобы в их жизни была дисциплина, и чтобы ученики собирались вместе в малых группах, чтобы поддержать друг друга.

Вдобавок к этим новым практикам, веслианское возрождение уделяло внимание важным богословским истинам:

- Оправдание по благодати через веру
- Освящение, также известное, как христианское совершенство, по благодати через веру
- Вера в то, что Святой Дух дает уверенность верующим, что

они получили благодать.

Особым вкладом Джона Весли в христианскую историю и богословие стало учение о полном освящении. Он верил, что это дар Божий, который дает верующим силу жить истинной христианской жизнью. Его учение распространилось по всему миру, включая Америку. В Северной Америке в 1784 году была организована Методистская Епископальная Церковь, чтобы «изменить этот континент, и распространить библейскую идею о святости по всей земле».

В 19-м веке получила дальнейшее развитие эта идея о христианской святости. Тимоти Меррит стал издавать журнал под названием «Наставление о христианском совершенстве». Фиби Палмер проводила занятия каждую неделю для распространения учения о святости. Она стала известным проповедником, автором и редактором. В 1867 методистские проповедники, Джон А. Вуд и Джон С. Инскип, организовали «встречи в палатках». Это были значительные события, на которые собирались люди, чтобы несколько дней подряд участвовать в богослужениях (часто они спали в палатках). Эти проповедники в основном проповедовали о святости, и они возродили веслианское стремление к святости по всему миру.

Возникло несколько групп, которые уделяли особое внимание учению о святости. Эти группы состояли из Веслианских методистов, Свободных методистов, из верующих Армии Спасения, а также группы Менонитов, верующих из Братства и из Квакеров. Евангелисты донесли это движение до Германии, Великобритании, Скандинавии, Индии и Австралии. Когда эти группы распространились по всему миру, то возникали новые церкви, включая Церковь Бога (Андерсон, Индиана). В это время также росли миссии в городах и миссионерские ассоциации. Так как не было одной единственной церкви, которая отвечала за весь этот рост, люди стали называть это «Движением Святости».

Церковь Назарянина родилась в результате желания объединить многие из этих начинаний в одну деноминацию, уделяющую особое внимание святости.

Из-за того, что наши корни, как деноминации, восходят к «Веслианскому возрождению» и «Движению Святости», мы часто используем фразу «веслианское учение о святости», чтобы описать себя.

ЕДИНСТВО В СВЯТОСТИ

В США Фред Хиллери организовал Евангельскую народную церковь в 1887 в Провиденсе, Род Айленд. В 1888 году была организована Церковь Миссии в Лине, Массачусетс. В 1890 они и восемь других общин сформировали Центральную Евангельскую Ассоциацию Святости. В 1892 Анна С. Ханском стала первой рукоположенной женщиной-служителем в церкви, которая впоследствии стала Церковью Назарянина.

В 1894 и 1895 Уильям Ховард Хупл организовал три общины святости в Бруклине в Нью-Йорке в Ассоциацию Пятидесятнических Церквей Америки. В это время слово «пятидесятническая» было синонимом слова «святая». Группы Хиллери и Хупла объединились в 1896. Они начали работать в Индии (1899) и на Кабо-Верде (1901). Хирам Рейнолдс организовал общину в Канаде (1902). К 1907 в ассоциации были церкви на территории от Новой Шотландии до Айовы.

В 1894 Роберт Харрис организовал Новозаветную Церковь в Милане, Теннеси. Мери Ли Кагл, его вдова, продолжила его работу. Джерниган организовал первую Независимую Церковь Святости в Ван Алстине в Техасе в 1901. Все эти церкви объединились в городе Райзин Стар в Техасе в 1904 и сформировали Церковь Святости Христа. К 1908 эта церковь распространилась от Джорджии до Нью-Мексико, служа нуждающимся и обездоленным, поддерживая сирот и одиноких женщин, а также поддерживая служителей в Индии и в Японии.

В 1895 Финеас Ф. Бризи и Джозеф Уидни вместе с другими верующими (около 100 человек) организовали Церковь Назарянина в Лос-Анджелесе. Они верили, что христиане, освященные по вере, должны следовать примеру Христа и проповедовать евангелие бедным. Они уделяли свои деньги и время служению, подобному служению Христа, для спасения душ и для помощи нуждающимся. Церковь Назарянина распространилась в основном вдоль Западного побережья США, но были общины и на востоке штата Иллинойс. Они поддерживали поместные миссии в Калькутте в Индии.

В октябре 1907представители от Ассоциации Пятидесятнических церквей Америки и Церкви Назарянина встретились в Чикаго, штат Иллинойс. Они работали над тем, чтобы создать новую церковь, которая найдет уравновешенный подход к двум разным формам правления: суперинтендантство и конгрегационные права. У новой церкви должны были быть суперинтенданты, которые должны были заботиться о существующих церквях и о создании новых церквей. Однако эти суперинтенданты не должны были вмешиваться в независимые действия полностью организованных церквей. Делегаты от Церкви Святости Христа также участвовали в этой встрече. Первая Генеральная Ассамблея постановила, что имя церкви будет состоять из имен обоих организаций: Пятидесятническая Церковь Назарянина. Бризи и Рейнолдс были избраны генеральными суперинтендантами.

В сентябре 1908 другая церковь, ведомая Трумбауером, объединилась с Пятидесятнической Церковью Назарянина. Потом 13 октября собралась вторая Генеральная Ассамблея в Пайлот Поинте в штате Техас вместе с Генеральным советом

Церкви Святости Христа. На этой встрече две церкви объединились.

МкКлуркан возглавлял Пятидесятническую Миссию, сформировавшуюся в Нешвилле штата Теннеси в 1898. Эта группа объединила людей святости со всего региона. Они посылали пасторов и учителей на Кубу, в Гватемалу, в Мексику, и в Индию. В 1906 Джордж Шарп был выгнан из своей церкви в Глазго в Шотландии, потому что он проповедовал веслианское учение о христианской святости. Он основал новые общины, и, в конце концов, Пятидесятническая Церковь Шотландии была основана в 1909. В 1915 Пятидесятническая Миссия и Пятидесятническая Церковь Шотландии объединились с Пятидесятнической Церковью Назарянина.

В 1919 пятая Генеральная Ассамблея изменила название деноминации на Церковь Назарянина. Слово «пятидесятническая» больше не передавало того смысла, что это «учение о святости», как это было в 19-м веке. Молодая деноминация осталось верной изначальной миссии проповеди евангелия о полном спасении.

ГЕНЕРАЛЬНАЯ АССАМБЛЕЯ, ПАЙЛОТ ПОИНТ, ТЕХАС, (США), 13 ОКТЯБРЯ 1908.

НАША ВСЕМИРНАЯ ЦЕРКОВЬ

ЦЕРКОВЬ НАЗАРЯНИНА ЯВЛЯЕТСЯ МЕЖДУНАРОДНОЙ ЦЕРКОВЬЮ.

Международная природа нашей церкви была сформирована теми церквями, которые объединились в 1915. В это время Церкви Назарянина существовали в Аргентине, в Великобритании, в Гватемале, в Индии, в Канаде, в Кабо-Верде, в Китае, на Кубе, в Мексике, в Перу, в Свазиленде, в США, и в Японии. К 1930 году эта церковь появилась также на Барбадосе, в Мозамбике, в Палестине, в Сирии, в Тринидаде, и в Южной Африке. Национальные лидеры стали очень важной составляющей этого процесса, включая окружных суперинтендантов В. Г. Сатин (Мексика), Хироши Китагава (Япония), и Самуила Буйбал (Индия).

Международный характер Церкви развивался по мере того, как к этой деноминации присоединялись другие группы.

В 1922 Д. Г. Моррисон привел много служителей из Ассоциации Святости Прихожан и около 1000 членов в Дакоте, Миннесоте и Монтане в эту церковь. Чанг Нам Су (Роберт Чанг) привел нескольких Корейский пасторов и общин в Церковь Назарянина в 1930 годах. Церкви в Австралии под руководством А. А. Е. Берга объединились с Церковью Назарянина в 1945. Альфредо дел Россо привел итальянские церкви в эту деноминацию в 1948. Миссионерская Ассоциация Веры «Хефциба» в Южной Африке и ее центральный офис в городе Табор в Айове присоединились к назарянам в 1950.

Международная Миссия Святости, основанная в Лондоне Давидом Томасом в 1907, активно начала работать на юге Африки под руководством Давида Джонса. В 1952 ее церкви в Англии и в Африке под руководством Д. Б. Маклагана присоединились к назарянам. Мейнард Джеймс и Джек Форд основали Церковь Святости Голгофа в Британии в 1934 и объединились с Назарянами в 1955. Церковь Служителей Евангелия, организованная Фрэнком Гофф в Онтарио в Канаде в 1918, присоединилась к Церкви Назарянина в 1958. Нигерийцы организовали местную Церковь Назарянина в 1940 годах и под руководством Джереми Икайдема присоединились к международной церкви в 1988.

По мере того, как Церковь Назарянина росла, укреплялось ее самоосознание как международной деноминации. В свете этого развития назаряне сознательно развивали ту модель церкви, которая отличается от многих других протестантских церквей. В 1976 комиссия проанализировала будущее деноминации. В своем отчете на Генеральной Ассамблее в 1980 она рекомендовала деноминации сознательно принять этот процесс интернационализации, основываясь на двух принципах:

- Во-первых, признается, что назарянские церкви и округа

- создают по всему миру «международное общение верующих, в котором есть полное принятие верующих внутри их культурных контекстов».
- Во-вторых, определено, что есть общее посвящение «особой миссии Церкви Назарянина», а именно по «распространению библейской идеи святости… как главного элемента в основах веры, не подлежащих обсуждению, которые определяют, что представляет собой Церковь Назарянина».

В 1980 Генеральная Ассамблея признала «международное богословское единство» согласно Догматам Веры. Она подтвердила важность богословского образования для всех служителей, и она призвала к тому, чтобы оказывалась адекватная поддержка богословским образовательным учреждениям во всем мире. Ассамблея призвала назарян к зрелости как международную общину, уделяющую особое внимание святости. Эта община была взаимосвязана таким путем, который бросал вызов старому колониальному образу мышления, который разделял людей и нации на две группы: «сильных и слабых, доноров и получателей». Эта модель уступила место той, «которая полностью принимает совершенно новый взгляд на мир, признавая сильные стороны и равноправие всех участников».[1]

С тех пор, у Церкви Назарянина появилась уникальная модель роста среди протестантов. К 1998 году половина назарян уже не жили в США и Канаде. Два из трех делегатов на Генеральной Ассамблее в 2001 использовали английский как второй язык или не говорили на нем. Житель Африки Евгенио Дуарт из Кабо-Верде был избран генеральным суперинтендантом в 2009.

ОТЛИЧИТЕЛЬНЫЕ ХАРАКТЕРИСТИКИ МЕЖДУНАРОДНОГО СЛУЖЕНИЯ

Исторически сложилось, что у назарян всегда было желание посвятить себя евангелизации, социальному служению и образованию. Это служение процветало благодаря совместным усилиям миссионеров и тысяч пасторов и служителей из прихожан. Эти работники применили Веслианские принципы в своей культуре и сделали их своими.

Хирам Рейнолдс был лидером, который участвовал в создании общего представления о мировой евангелизации – назаряне работают в разных культурах, чтобы распространить Евангелие. В течение 25 лет, когда он был генеральным суперинтендантом, он постоянно пропагандировал миссии, и он помог сделать заботу о миссионерстве приоритетом для деноминации. Начиная с 1915 Назарянские Всемирные Миссии, организация, которая обучает, поддерживает финансово и пропагандирует работу назарянских миссий, активно работала во многих общинах по всему миру.

С самого начала назаряне были теми людьми, кто оказывал милосердие. Они свидетельствовали о милости Божьей через поддержку людей в голодающей Индии, через организацию детских домов, через организацию убежищ для одиноких женщин с детьми, и через создание городских миссий, которые служили зависимым и бездомным. В 1920-х годах приоритеты социального служения церкви переместились в сторону медицины. Церковь Назарянина построила больницы в Китае и в Свазиленде, а позднее в Индии и в Папуа Новой Гвинее. Профессиональные медработники из назарян заботились о больных, проводили операции, обучали медицинский персонал, и спонсировали передвижные амбулатории среди самых бедных народов в мире. Церковь основала несколько особых клиник, таких как лепрозорий в Африке.

В 1980 церковь создала Назарянское Служение Милосердия. Это позволило ей участвовать в более многочисленных видах социального служения, которое продолжается и сегодня:

поддержка детей, помощь при катастрофах, образование для ВИЧ инфицированных, поддержка сирот, добыча питьевой воды, предоставление продуктов питания и разные другие.

Воскресная школа и уроки по Библии всегда были частью жизни назарянских общин. Они играют важную роль в формировании учеников, подобных Христу. С первых лет своего существования церковь инвестировала средства в образование и преодоление неграмотности. Один из ранних примеров – это Школа Надежды для девочек в Калькутте в Индии, которая была основана в 1905. Назарянские учебные заведения подготавливали студентов по всему миру для более полноценного участия во всех аспектах жизни: социальных, экономических, а также религиозных. В США у большинства назарянских университетов были свои средние школы, которые они поддерживали, вплоть до середины двадцатого столетия.

Основатели Церкви Назарянина много инвестировали в образование. Они верили, что очень важно обучать пасторов и христианских служителей. Образование также было очень важно для формирования прихожан. Международный Совет по образованию составил список назарянских высших учебных заведений по всему миру, включая колледжи, выпускающие бакалавров, и университеты в Африке, Бразилии, Канаде, на Карибских островах, в Корее, и в США. Есть школа по подготовке медсестер в Индии и Папуа Новой Гвинее. Вдобавок к этому, у церкви есть библейские колледжи и институты во всех шести регионах мира (Африка, Азиатско-тихоокеанский регион, Евразия, Среднеамериканский регион, Южноамериканский, и регион США и Канада), а также богословские школы в Австралии, Коста-Рике, Англии, на Филиппинах и в США.

Церковь Назарянина выросла со временем из церкви с представителями, разбросанными по всему миру, и превратилась в международную общину верующих. Основываясь на веслианской традиции, церковь описывает своих людей как «христиан, святых и посвященных миссии» (см. «Основные ценности»). Назаряне принимают утверждение о миссии церкви: «воспитать учеников подобных Христу во всех народах».

1 ЗАПИСИ ДВАДЦАТОЙ ГЕНЕРАЛЬНОЙ АССАМБЛЕИ ЦЕРКВИ НАЗАРЯНИНА, (1980): 232. FRANKLIN COOK, THE INTERNATIONAL DIMENSION (1984): 49.

МИССИЯ ЦЕРКВИ НАЗАРЯНИНА: ВОСПИТАТЬ УЧЕНИКОВ ПОДОБНЫХ ХРИСТУ ВО ВСЕХ НАРОДАХ

НАШИ ОСНОВНЫЕ ЦЕННОСТИ

1. МЫ – НАРОД ХРИСТА

Как члены Вселенской Церкви, мы присоединяемся ко всем истинным верующим и провозглашаем Господство Иисуса Христа, а также принимаем исторические верования христианской церкви и Символы веры о Троице. Мы ценим наше наследие Веслианского учения о святости и полагаем, что таким образом надо понимать веру, которая является истинной в соответствии с Писанием, разумом, традицией и опытом.

В единстве со всеми верующими мы провозглашаем Господство Иисуса Христа. Мы верим, что в божественной любви Бог предлагает всем людям прощение грехов и восстановление взаимоотношений с Ним. Будучи примирены с Богом, мы верим, что нам следует также примириться друг с другом, возлюбив друг друга, как и Бог возлюбил нас, прощая друг друга, как и Бог

> **В ЕДИНСТВЕ СО ВСЕМИ ВЕРУЮЩИМИ МЫ ПРОВОЗГЛАШАЕМ ГОСПОДСТВО ИИСУСА ХРИСТА.**

простил нас. Мы верим, что в общении друг с другом наша жизнь должна служить примером характера Христа. Мы рассматриваем Писание как главный источник духовной истины, подтвержденной разумом, традицией и опытом.

Иисус Христос есть Господь Церкви, которая, как провозглашает Никейский символ веры, является единой, святой, вселенской и апостольской. В Иисусе Христе и посредством Духа Святого, Бог Отец предлагает прощение грехов и примирение всему миру. Те, кто отвечают на Божий призыв в вере, становятся народом Божьим. Будучи прощены и примирившись во Христе, мы прощаем других и примиряемся друг с другом. Таким образом, мы становимся Церковью и Телом Христа и проявляем единство Тела Христова. Как у единого Тела Христа у нас есть «один Господь, одна вера, одно крещение». Мы подтверждаем единство Церкви Христа и стремимся во всем сохранять его (Еф. 4:5, 3).

2. МЫ – НАРОД СВЯТОСТИ

Бог, который является святым, призывает нас к жизни в святости. Мы верим, что Дух Святой стремится совершить в нас второе действие благодати, которое называют различными словами, включая такие термины, как «полное освящение» или «крещение Духом Святым». Это действие Божье, которое очищает нас от всякого греха, восстанавливает в нас образ Божий, наделяет нас силой возлюбить Бога всем сердцем, душой, разумением и силой, и ближнего как самого себя; а также производит в нас характер Христа. Святость в жизни верующего наиболее полно понимается как уподобление Христу.

Из-за того, что мы призваны Писанием и побуждаемы благодатью прославлять Бога и любить Его всем сердцем, душой, разумом и всеми силами, и ближнего своего, как самого себя, мы полностью посвящаем себя Богу, веруя, что мы можем быть «полностью освящены», испытав второе действие благодати. Мы верим, что Дух Святой обличает, очищает, исполняет нас и наделяет нас силой, в то время как благодать Бога преображает нас день ото дня в народ любви и духовной дисциплины, этической и моральной чистоты, сострадания и справедливости. Это действие Духа Святого восстанавливает в нас образ Бога и производит в нас характер Христа.

> ЭТО ДЕЙСТВИЕ СВЯТОГО ДУХА, КОТОРОЕ ВОССТАНАВЛИВАЕТ В НАС ОБРАЗ БОЖИЙ И ПРОИЗВОДИТ В НАС ХАРАКТЕР ХРИСТА.

Мы верим в Бога Отца, Творца, который пробуждает к бытию то, что не существовало. Нас не было, однако Бог пробудил нас к бытию, сотворил нас для себя, и создал нас по своему образу и подобию. Нам было поручено отражать в себе образ Бога: «Я - Бог, Господь твой. Итак, будьте святы, ибо Я свят» (Лев. 11:44).

3. МЫ – НАРОД МИССИИ

Мы - посланный народ, ответивший на призыв Христа и наделенный силой Духа Святого идти ко всем народам, свидетельствовать о Господстве Христа и участвовать вместе с Богом в строительстве Церкви и расширении Его Царства (МФ.

28:19-20; 2 Кор. 6:1). Наша миссия (а) берет начало в поклонении, (б) служит миру посредством евангелизации и милосердия, (в) воодушевляет верующих на их пути к христианской зрелости посредством ученичества, и (г) подготавливает мужчин и женщин к христианскому служению через высшее христианское образование.

А. НАША МИССИЯ ПОКЛОНЕНИЯ

Миссия церкви в мире начинается с поклонения. Когда мы собираемся пред Богом в поклонении - поем, слушаем чтение из Библии, приносим Богу десятину и пожертвования, молимся, слушаем Проповедь, участвуем в таинствах крещения и причастия – мы понимаем наиболее ясно, что означает быть народом Божьим. Наша вера в то, что труд Бога в мире совершается главным образом через общины верующих, ведет нас к пониманию, что наша миссия включает присоединение новых членов в общение церкви, а также организацию новых общин, поклоняющихся Богу.

Поклонение является высшим проявлением нашей любви к Богу. Это полностью направленное к Богу прославление и хвала Искупившему нас по Своей милости и благодати. Чаще всего поклонение совершается в рамках поместной церкви, где собирается народ Божий, не для самолюбования или самовосхваления, а для посвящения себя Богу и для полной самоотдачи. Поклонение - это служение церкви в любви и покорности Богу.

> **ПОКЛОНЕНИЕ – ЭТО НАИВЫСШЕЕ ВЫРАЖЕНИЕ НАШЕЙ ЛЮБВИ К БОГУ.**

Б. НАША МИССИЯ МИЛОСЕРДИЯ И ЕВАНГЕЛИЗАЦИИ

Как народ, посвященный Богу, мы разделяем Его любовь к грешникам и сострадание к бедным и несчастным людям. Великая заповедь (Мф. 22:36-40) и Великое поручение (Мф. 28:19-20) побуждают нас действовать во всем мире посредством евангелизации, милосердия и восстановления справедливости. Именно по этой причине мы призываем людей к вере, заботимся о нуждающихся, восстаем против несправедливости, заступаемся за угнетенных, стремимся к сохранению и защите Божьего творения, а также принимаем в наше общение всех, кто призывает имя Господа.

Исполняя свою миссию в мире, церковь демонстрирует любовь Божью. История Библии - это история Бога, примирившего мир с Собою в Сыне Своем Иисусе Христе (2 Кор. 5:16-21). Церковь послана в мир, чтобы участвовать вместе с Богом в этом служении любви и примирения посредством евангелизации, милосердия, восстановления справедливости.

В. НАША МИССИЯ УЧЕНИЧЕСТВА

Мы посвятили себя тому, чтобы стать учениками Иисуса, и призываем других людей стать Его учениками. Для достижения этой цели мы стремимся предоставить верующим различные средства (уроки по Библии, Воскресная школа, малые группы и т. д.), которые помогут им возрастать в их понимании христианской веры, а также в их взаимоотношениях друг с другом, и с Богом. Мы считаем, что ученичество должно включать послушание Богу и соблюдение духовных дисциплин веры. Мы верим, что должны помогать друг другу жить святой жизнью, путем взаимной поддержки, христианского общения и взаимной ответственности в атмосфере любви. Весли говорил, что «Бог даровал нас в помощь друг другу».

Христианское ученичество - это образ жизни. Это процесс обучения тому, как Бог хочет, чтобы мы жили в этом мире. По мере того, как мы обучаемся жить в послушании Слову Божьему, в соблюдении духовных дисциплин веры, в ответственности друг перед другом, мы начинаем осознавать истинную радость жизни в духовной дисциплине, а также христианское понимание свободы. Ученичество - это не только усилие человека, подчинение нормам и правилам. Это средство, которым Дух Святой постепенно приводит нас к зрелости во Христе. Именно посредством ученичества мы становимся народом с характером Христа. Главная цель ученичества - уподобление Иисусу Христу (2 Кор. 3:18).

> **УЧЕНИЧЕСТВО — ЭТО СРЕДСТВО, ПРИ ПОМОЩИ КОТОРОГО СВЯТОЙ ДУХ ПОСТЕПЕННО ПРИВОДИТ НАС К ВЗРОСЛЕНИЮ ВО ХРИСТЕ.**

Г. НАША МИССИЯ ХРИСТИАНСКОГО ВЫСШЕГО ОБРАЗОВАНИЯ

Мы посвятили себя христианскому образованию, которое готовит мужчин и женщин к жизни в христианском служении. В наших семинариях, библейских колледжах, колледжах и университетах мы стремимся к постижению знаний, а также к развитию христианского характера и подготовке лидеров к исполнению данного нам Богом призвания к служению в церкви и в мире.

Христианское высшее образование является центральной частью миссии Церкви Назарянина. В ранние годы существования Церкви Назарянина христианские учебные заведения были организованы для подготовки мужчин и женщин к лидерству и христианскому служению для всемирного распространения Веслианского учения о святости и возрождения. Наше посвящение христианскому высшему образованию в течение многих лет привело к созданию целого ряда семинарий, библейских школ, колледжей и университетов во многих странах мира.

НАША МИССИЯ

МИССИЯ ЦЕРКВИ НАЗАРЯНИНА – ВОСПИТАТЬ УЧЕНИКОВ ПОДОБНЫХ ХРИСТУ ВО ВСЕХ НАРОДАХ.

Как всемирная община веры мы посвящены тому, чтобы исполнить Великое Поручение, данное Иисусом (Мф. 28: 19-20). То есть мы стараемся донести Благую весть о новой жизни в Иисусе Христе до людей во всем мире. Мы распространяем библейское учение о святости, о Христоподобном образе жизни, по всему миру.

Церковь Назарянина объединяет вместе людей, которые признали Иисуса Христа Господом своей жизни. Мы собираемся вместе для христианского поклонения, и мы желаем поддержать друг друга в вере через поклонение, проповедь, обучение и служение другим.

Посвятив себя Христоподобному образу жизни, мы стремимся показать милосердие Иисуса Христа всем людям.

Главной целью церкви является прославление Бога, но мы также призваны активно участвовать в Его миссии – примирить мир с Богом.

Это включает в себя все исторически сложившиеся принципы нашей миссии: евангелизацию, освящение, ученичество и милосердие. Мы совмещаем все эти понятия в одном слове: Христоподобие – это суть святости.

Назаряне становятся «посланными людьми» - посланными в дома, на рабочие места, в общины, и в разные города и страны. Миссионеров теперь посылают из всех регионов мира.

Бог продолжает призывать обычных людей делать необычные вещи, которые происходят благодаря участию Духа Святого.

НАШИ НАЗАРЯНСКИЕ ХАРАКТЕРИСТИКИ

На Генеральной Ассамблее в 2013 году Совет Генеральных суперинтендантов назвал семь основных характеристик Церкви Назарянина:

1. Осознанное поклонение
2. Согласованное богословие
3. Желание евангелизировать
4. Целенаправленное ученичество
5. Развивающаяся церковь
6. Преображающее лидерство
7. Целенаправленное милосердие

Это описание не заменяет нашу миссию — "воспитать учеников

> **ПРИЗЫВ К ПОКЛОНЕНИЮ**
> ПРИДИТЕ, ВОСПОЕМ ГОСПОДУ, ВОСКЛИКНЕМ ТВЕРДЫНЕ СПАСЕНИЯ НАШЕГО;
> ПРЕДСТАНЕМ ЛИЦУ ЕГО СО СЛАВОСЛОВИЕМ, В ПЕСНЯХ ВОСКЛИКНЕМ ЕМУ,
> ИБО ГОСПОДЬ ЕСТЬ БОГ ВЕЛИКИЙ И ЦАРЬ ВЕЛИКИЙ НАД ВСЕМИ БОГАМИ.
> В ЕГО РУКЕ ГЛУБИНЫ ЗЕМЛИ, И ВЕРШИНЫ ГОР - ЕГО ЖЕ;
> ЕГО - МОРЕ, И ОН СОЗДАЛ ЕГО, И СУШУ ОБРАЗОВАЛИ РУКИ ЕГО.
> ПРИДИТЕ, ПОКЛОНИМСЯ И ПРИПАДЕМ, ПРЕКЛОНИМ КОЛЕНИ ПРЕД ЛИЦОМ ГОСПОДА, ТВОРЦА НАШЕГО;
> ИБО ОН ЕСТЬ БОГ НАШ, И МЫ - НАРОД ПАСТВЫ ЕГО И ОВЦЫ РУКИ ЕГО.
> — ПСАЛОМ 94: 1-7А

подобных Христу во всех народах" — или наши основные ценности — "Христианство, святость и миссия". Вместо этого эти характеристики описывают, во что мы верим, и это должно характеризовать каждую Церковь Назарянина и, по большей части, должно проявляться во всех назарянах по всему миру. Мы просим лидеров церкви уделять особое внимание (а всем назарянам принять) этим характеристикам, в то время, когда мы движемся дальше. Давайте посмотрим, каким образом они могут стать реальностью для нашей всемирной церкви.

1. ОСОЗНАННОЕ ПОКЛОНЕНИЕ

Мы можем сказать с уверенностью, что поклоняться Богу - это значит признать Его Скалой нашего спасения, великим Богом, великим Царем превыше всех богов, творцом всего, и Пастырем, который заботится о своем народе.

А. Ученики Иисуса жили в Его присутствии и служили другим в результате этих взаимоотношений.
- Иисус посылал Своих учеников служить (Мф. 10).
- Позже Он сказал им, что им необходимо исполниться Святым Духом. Они ждали в верхней комнате, и на них сошел Святой Дух, как и обещал (Деян. 2).
- Как только ученики начали свое служение миру, они стали Божьими посланниками.
- Они несли весть о примирении вместе со своей миссией примирения. (2 Кор. 5:11-21).
- Павел сказал: « Итак, мы - посланники от имени Христова, и как бы Сам Бог увещевает через нас; от имени Христова просим: примиритесь с Богом. Ибо не знавшего греха Он сделал для нас *жертвою за* грех, чтобы мы в Нем сделались праведными пред Богом» (2 Кор. 5:20-21).

Б. Иисус дал своим последователям Великое Поручение.
- «Итак, идите, научите все народы, крестя их во имя Отца и Сына и Святого Духа, уча их соблюдать все, что Я повелел вам; и се, Я с вами во все дни до скончания века». (Мф. 28:19-20).
- Ранняя церковь начала исполнять это поручение в мире после особого опыта *осознанного поклонения* в Антиохии (Деян. 13:1-4).

В. *Осознанное поклонение* происходит, когда мы практикуем такие духовные дисциплины, как пост и молитва.
- Тогда Святой посылает их, чтобы они обратили других в их веру.
- Это происходит в контексте поклонения.
- Поклонение вдохновляет нас и освобождает силу Божью в наших жизнях.
- Поклонение делает Христа центром нашей жизни. Это обязательная для всех верующих духовная дисциплина, которую использует Бог, чтобы сформировать в нас образ

Христа.
- Мы должны сделать поклонение постоянной практикой в нашей жизни, как в личной, так и в жизни общины.

Г. *Осознанное поклонение* дает время Богу действовать среди нас Своим собственным путем во время общего служения.
- Ранняя церковь не занималась делами посредством комитетов или семинаров.
- Вместо этого они собирались часто на совместные служения поклонения и позволяли Богу действовать своим путем среди них.
- У нас должно быть желание оставить все свои планы и дать Богу время завершить Его планы для нас

Д. *Осознанное поклонение* дает место Богу, чтобы Он мог свободно действовать, когда мы Его ожидаем.
- Мы должны позволить Богу проявить себя и убеждать людей, заставлять двигаться, спасать и освящать Своим путем и тогда, когда Ему угодно.
- Мы должны приходить на каждое богослужение с ожиданием того, что Бог придет на встречу с нами в этом собрании и будет действовать среди нас.
- Мы должны ожидать, что Бог будет действовать явным образом, когда мы собираемся еженедельно на богослужение. Мы никогда не должны быть удовлетворены обычными рутинными встречами, которые просто становятся привычкой.

Е. Дети Божьи должны собираться вместе еженедельно для того, чтобы они могли быть охвачены все вместе Духом Божьим.
- Ничто не может заменить для человеческого духа ту энергию, которую он получает от Божьего Духа.
- Самое лучшее время для этого – совместные *осознанные богослужения поклонения*.

2. СОГЛАСОВАННОЕ БОГОСЛОВИЕ

А. Наш назарянский голос должен быть услышан во всей христианской Церкви.
- Мы должны сказать, кем мы являемся с богословской точки зрения.
- Мы должны подтвердить, что нас мотивирует к действию, и каким образом мы живем, согласно нашим верованиям в обычной жизни.

Б. Это наши источники для *согласованного богословия*.

- Писание: мы верим, что Писание является важным основанием для нашего формирования в образ Христа.
- Христианская традиция: у нас есть ортодоксальное учение, которое сохраняется на протяжении истории уже 2000 лет при помощи различных христианских традиций.
- Разум: мы верим, что Дух Божий действует посредством интеллекта и дает нам разум способный понимать.
- Личный опыт: мы верим, что Бог действует *в* и *через* жизни людей, следующих за Христом.

В. Эти верования дают нам *согласованное богословие*.
- Мы христиане.
    ◊ Мы подтверждаем нашу веру в Триединого Бога –

    Отца, Сына и Святого Духа.
  - ◊ Мы подтверждаем нашу веру в Иисуса Христа как Сына Божия.
  - ◊ Мы верим в то, что Христос является второй личностью Троицы.
  - ◊ Мы верим в ортодоксальные символы веры и традиции Христианской церкви.
- Мы протестанты.
  - ◊ Мы верим, что спасены и оправданы по благодати через веру.
  - ◊ Мы верим, что Писание занимает важное место и является авторитетом.
  - ◊ Мы верим в священство всех верующих.
  - ◊ Мы считаем, что проповедь - это одна из главных составляющих поклонения и размещаем кафедру в центре церковной деятельности.
  - ◊ Мы верим, что дары Духа распределены среди всех верующих в теле Христа.
- Мы евангельская церковь.
  - ◊ Мы верим в то, что возможны и необходимы личные отношения с Иисусом Христом через прощение грехов и преображение нашего характера в подобие Христа.
  - ◊ Мы верим в свидетельство о нашей вере посредством изменения образа жизни.
- Мы веслианская церковь.
  - ◊ Мы верим, что основной природой Бога, вокруг которой строится все богословие, является любовь, то есть «Бог есть любовь» (1 Ин. 4:8).
  - ◊ Мы верим, что у людей есть свободная воля для того, чтобы у них были осознанные взаимоотношения с Богом.
  - ◊ Мы верим, что Бог проявляет милость и благодать по

отношению к человечеству.
- ◊ Мы верим, что Божья предваряющая благодать идет перед человеком, хранит этого человека, чтобы он не погряз глубоко в грех, и приводит его или ее назад к Богу.
- ◊ Мы верим в Божью ищущую, искупляющую, спасающую, освящающую благодать, которой достаточно, и которая работает с человеком, чтобы сделать его или ее чадом Божьим и дать ему победу, чтобы он мог ходить христианским путем.
- ◊ Мы верим с оптимизмом в то, что благодать может разрушить силу греха в жизни человека и превратить его из грешника в ребенка Божьего, который по своему желанию послушен Господу и его сердце исполнено любовью.
- ◊ Святость и освящение – реальные возможности в этой жизни.

- Мы верим в свидетельство Духа.
  - ◊ Мы верим в уверенность, которая позволяет людям знать, что их грехи прощены Богом, и это дает им уверенность, что кровь Иисуса Христа продолжает покрывать их прошлое, и дает им ежедневную победу.
  - ◊ Мы верим, в руководство Святого Духа, которое позволяет людям быть водимыми Богом в принятии каждодневных решений в жизни. Дух Божий может вести Своих детей, подсказывая и проверяя, и тем самым давая чувство направления в их жизни.

Г. Мы верим, что есть четыре основных аспекта жизни в святости.

- Христоподобие – ежедневное преображение в образ Иисуса посредством действия Святого Духа, когда мы предоставляем Богу возможность действовать в нас. «Итак, если *есть* какое утешение во Христе, если *есть* какая отрада любви, если *есть* какое общение духа, если *есть* какое милосердие и сострадательность, то дополните мою радость: имейте одни мысли, имейте ту же любовь, будьте единодушны и единомысленны» (Фил. 2:1-2).

- Образ жизни — предоставить себя для святых целей, чтобы исполнять работу Божью в этом мире. «Не молю, чтобы Ты взял их из мира, но чтобы сохранил их от зла. Они не от мира, как и Я не от мира. Освяти их истиною Твоею; слово Твое есть истина» (Ин. 17:15-17).

- Искушения и сила принимать решения — это когда есть возможность не поддаваться зависимостям, или желаниям плоти, или злу, но иметь силу от Бога жить святой жизнью. «…и просветил очи сердца вашего, дабы вы познали, в чем состоит надежда призвания Его, и какое богатство славного наследия Его для святых, и как безмерно величие могущества Его в нас, верующих по действию державной силы Его, которою Он воздействовал во Христе, воскресив Его из мертвых и посадив одесную Себя на небесах» (Еф. 1:18-20).

- Плод Духа — совершенная любовь Бога, которая проявляет себя в любви, в радости, в терпении, в доброте, в нежности, в верности, и самоконтроле. «В любви нет страха, но совершенная любовь изгоняет страх, потому что в страхе есть мучение. Боящийся несовершен в любви» (1 Ин. 4:18).

Д. Мы верим в путь *via media* — путь посередине. Мы пытаемся избежать крайних точек зрения на многие вопросы. Мы обращаем внимание не на частные случаи и экстремальные взгляды, а больше на уравновешенное мнение посередине, когда это возможно.

3. ЖЕЛАНИЕ ЕВАНГЕЛИЗИРОВАТЬ

Желание евангелизировать является нашим ответом на любовь

Иисуса и его милость по отношению к человечеству. Церковь Назарянина началась с желания евангелизировать. Это продолжает оставаться сутью того, кем мы являемся. В своем призыве к евангелизации Финеас Бризи, первый генеральный суперинтендант, сказал: «Мы в долгу и должны передать евангелие каждому человеку в той мере, в которой мы получили его сами». Мы нацелены на то, чтобы помочь людям узнать о личной спасающей вере в Иисуса Христа.

А. *Желание евангелизировать* было у Иисуса Христа, и Он показал, как это делать:
- «Видя толпы народа, Он сжалился над ними, что они были изнурены и рассеяны, как овцы, не имеющие пастыря. Тогда говорит ученикам Своим: жатвы много, а делателей мало; итак молите Господина жатвы, чтобы выслал делателей на жатву Свою». (Мф. 9:36–38).
- Иисус сказал: «Не говорите ли вы, что еще четыре месяца, и наступит жатва? А Я говорю вам: возведите очи ваши и посмотрите на нивы, как они побелели и поспели к жатве». (Ин. 4:35).

Б. *Желание евангелизировать* было передано нам Иисусом:
- «И сказал им: идите по всему миру и проповедуйте Евангелие всей твари». (Мк. 16:15).
- «И сказал им: так написано, и так надлежало пострадать Христу, и воскреснуть из мертвых в третий день, и проповедану быть во имя Его покаянию и прощению грехов во всех народах, начиная с Иерусалима» (Лк. 24:46-47).

В. *Желание евангелизировать* было раскрыто для нас Иисусом:
- «И проповедано будет сие Евангелие Царствия по всей вселенной, во свидетельство всем народам; и тогда придет конец». (Мф. 24:14).
- «Вор приходит только для того, чтобы украсть, убить и

погубить. Я пришел для того, чтобы имели жизнь и имели с избытком» (Ин. 10:10).

Г. *Желание евангелизировать* и сила евангелизировать появляется в результате исполнения Святым Духом:
- Он дает нам силу, каждому из нас и всей общине, жить и свидетельствовать о святости.
- «…но вы примете силу, когда сойдет на вас Дух Святой; и будете Мне свидетелями в Иерусалиме и во всей Иудее и Самарии и даже до края земли» (Деян. 1:8).

Д. *Желание евангелизировать* дается Святым Духом:
- Его жизнь в нас видна для всех, и она продуктивна.
- «Плод же духа: любовь, радость, мир, долготерпение, благость, милосердие, вера, кротость, воздержание. На таковых нет закона. Но те, которые Христовы, распяли плоть со страстями и похотями. Если мы живем духом, то по духу и поступать должны» (Гал. 5:22–25).

Е. *Желание евангелизировать* привносит новую жизнь и новую энергию в жизнь отдельных людей и церкви в целом.
- «Итак, кто во Христе, *тот* новая тварь; древнее прошло, теперь все новое!» (2 Кор. 5:17).
- «Господь же ежедневно прилагал спасаемых к Церкви» (Деян. 2:47b).

Ж. *Желание евангелизировать* – это выражение нашего послушания Иисусу:
- Одним из неоспоримых свидетельств преображающей силы евангелия является жизнь Павла.
- В одном из своих свидетельств апостол говорит: «Я должен и Еллинам и варварам, мудрецам и невеждам. Итак, что до меня, я готов благовествовать и вам, находящимся в Риме. Ибо я не стыжусь благовествования Христова, потому что *оно* есть сила Божия ко спасению всякому верующему» (Рим. 1:14–16).

3. Наше желание быть со Христом и служить – это тот момент, когда мы входим в исполнение Великого Поручения (Мф. 28:19-20), потом следует наше обучение для служения:
   - В результате этого все должны узнать Христа.
   - В результате этого, каждый человек, даже наименее одаренный и не знающий методов или особых способов, должен страстно захотеть поделиться вестью о Христе.

И. *Желание евангелизировать* помогает нам полагаться на силу Божьего слова, которое побуждает нас делиться благой вестью о спасении с другими:
   - Мы изучаем Библию с верой, потом мы рассказываем о том, что говорит Слово Божие.
   - Сила евангельского послания говорит к сердцам мужчин и женщин, мальчиков и девочек, которым необходимо восстановить отношения с Богом.
   - Иисус является нашим примером. «Ибо Сын Человеческий пришел взыскать и спасти погибшее» (Лк. 19:10). «…когда Он учил народ в храме и благовествовал» (Лк. 20:1).

К. *Желание евангелизировать* подвигает нас на то, чтобы познать Христа во всей полноте:
   - Это говорит о том, кто мы есть, и каков наш образ жизни. Наше желание жить не больше, чем наше желание евангелизировать. Выбирая жизнь, мы избираем евангелизацию.
   - Это подтверждает то, что мы знаем. Как слепой, которого исцелил Иисус, просто свидетельствовал: «Одно знаю, что я был слеп, а теперь вижу!» (Ин. 9:25).
   - Это свидетельствует о том, насколько благодарны мы должны быть за эту привилегию. «Даром получили, даром давайте» (Мф. 10:8б).

Л. *Желание евангелизировать* мотивирует нас к ученичеству:
   - На протяжении всей жизни мы хотим повлиять на людей,

которых мы знаем и которых не знаем, когда мы рассказываем о нашем пути веры.
- Каждый последователь Христа должен думать о своих отношениях с Богом, и тогда личное свидетельство происходит естественным путем в беседе с другими.

М. *Желание евангелизировать* воодушевляет нас для творчества:
- Инструменты — несколько примеров: фильм «*Иисус*», евангелизационный шар, евангелизационный куб.
- Методы — много методов, одна весть.
- Стратегии — массовая евангелизация, дружба и личная евангелизация, малые группы, евангелизация в городе, и многое другое.

4. ЦЕЛЕНАПРАВЛЕННОЕ УЧЕНИЧЕСТВО

A. Иисус призвал церковь *целенаправленно* воспитывать учеников.
- «Итак, идите, научите все народы, крестя их во имя Отца и Сына и Святого Духа, уча их соблюдать все, что Я повелел вам; и се, Я с вами во все дни до скончания века» (Мф. 28:19-20).
- У церкви есть целенаправленный метод, чтобы воспитывать учеников, подобных Христу.
- Ученики подобные Христу - это люди, пребывающие во Христе, растущие и становящиеся Христоподобными и делающие то же, что и Он. Они отвергают себя, они слушаются и любят Бога всем сердцем, душою, разумом и силою (Мк. 12:30, Ин. 15, Лк. 9).
- *Целенаправленное* ученичество через взаимоотношения – помочь людям развивать близкие отношения с Иисусом и быть ему послушными. В этих взаимоотношениях Дух Христа преображает их характер в Христоподобие, изменяя ценности новых верующих и превращая их в

ценности Царства, и помогая им стать частью Его миссии, которая касается других людей, их домов, церквей и мира.

Б. Мы начинаем с того, что приводим людей к личным взаимоотношениям с Иисусом Христом.
- Путь веры начинается с исповедания грехов и их прощения по благодати через веру в Иисуса Христа.
- Эти новые творения во Христе становятся возрожденными и принимаются в семью Божью.
- Возрождение приводит к изменению сердца и изменению образа жизни, к свидетельству о Божьей благодати для тех, кого они знают.
- Мы сразу же даем духовную пищу этим новым верующим в общине веры, уча их с самого начала, что они были спасены не просто для самих себя, но для тех, на кого они смогут повлиять и привести ко Христу. Они станут воспитателями учеников, кто будет учить других, которые так же станут воспитателями учеников.
- Ученичество включает в себя помощь кому-то другому, чтобы он смог следовать за Иисусом.

В. Мы целенаправленно развиваем учеников подобных Христу через служение проповеди.
- Наши пасторы проповедуют проповеди-наставления о том, как расти в нашей вере во Христе.
- Наши пасторы проповедуют проповеди, которые основаны на Библии и они дают духовную пищу своим людям, чтобы они могли расти и чувствовать еще большую жажду познания Библии.
- Наши пасторы позволяют Слову Божьему стать основой для всех усилий по ученичеству.
- Наши пасторы учат людей, как изучать Библию и думать о том, что означает Слово, а также о том, как его можно применить в наших жизнях.
- Наши пастора стремятся к сбалансированной библейской

диете, когда проповедуют в течение года.
- Наши пасторы полагаются на Святой Дух Божий, чтобы оживить все, что они делают, и чтобы все было сбалансировано, и чтобы сформировать учеников подобных Христу.
- Иисус проповедовал множеству людей и тщательно учил Своих учеников в малой группе.
- Иисус не проповедовал без притч (историй), чтобы помочь людям понять (Мк. 4:34).

Г. Мы приглашаем людей на уроки воскресной школы, чтобы они получили духовную пищу и возросли в учеников подобных Христу.
- Наши учителя воскресных школ преподают уроки, целью которых является воспитание учеников подобных Христу в том, как они знают Писание и как они применяют его в жизни.
- Наши учителя воскресных школ лично заинтересованы в молодых верующих и общаются с ними после занятий, чтобы ответить на их вопросы о христианской вере и поддержать их в том, чтобы они росли в благодати у Бога.
- Наша система наставления в воскресной школе предлагает программы от ясельного возраста до пожилого. Она предоставляет различные материалы в разной последовательности, и помогает изучить всю Библию организованным путем. «Наставь юношу при начале пути его: он не уклонится от него, когда и состарится» (Пр. 22:6).

Д. Мы развиваем малые группы по изучению Библии, которые учат ответственности.
- Изучение Библии в малых группах помогает всей группе и каждому в отдельности, как вновь уверовавшим, так и давно укорененным в вере
- В малых группах развиваются здоровые отношения,

- которые превращаются в связи с друзьями и становятся частью образа жизни.
- Эти группы предлагают некую смесь из изучения Библии и социальных взаимодействий, которая важна для роста в благодати.
- Малые группы по ученичеству развиваются в поддерживающую систему, которая помогает жить вместе не только в воскресенье.

Е. Мы поддерживаем духовный рост учеников в подобие Христу через хорошо спланированное расписание в церкви.
- Программы по заучиванию стихов из Библии.
- Детское служение Караван.
- Летние библейские школы для детей.
- Рождественские и Пасхальные программы.
- Усилия по оказанию милосердия.
- Служение ученичества для других.
- Служение для мужчин и женщин, пожилых, одиноких, и людям с особыми нуждами. Есть множество других поместных групп, которые помогают людям установить связь с Христом и с Его церковью.

Ж. Мы просим верующих использовать все средства, которые им доступны для роста и развития их личной веры.
- Читай Библию, ее изучение помогает; слушай Библию в аудио записи.
- Молись ежедневно.
- Слушай христианскую музыку.
- Читай христианскую литературу.
- Найди партнера, которому доверяешь, чтобы он молился ежедневно, чтобы ты стал подобен Христу.
- Найди такого друга, который любит тебя настолько, что сможет задать тебе трудные вопросы.
- Развивай в себе желание регулярно рассказывать другим, что Бог совершает в твоей жизни.

3. Мы просим верующих научиться ежедневно искать присутствия Бога в их жизни.
   - Мы можем описать христианскую жизнь, как тесные личные отношения с нашим Господом и Спасителем, Иисусом Христом.
   - *Целенаправленное ученичество* помогает расти и становиться Христоподобными, если они проводят время с Ним.
   - Итак, мы ежедневно слушаем голос Христа; мы питаемся ежедневно Его Словом; мы наслаждаемся Его присутствием.
   - Ученики подобные Христу целенаправленно ищут Его и готовы поделиться Им с теми, к чьим жизням они прикоснутся.

И. Мы поддерживаем учеников в том, чтобы они воспитывали новых учеников целенаправленно.
   - Господь послал нас и дал нам власть воспитывать учеников (Мф. 28:19-20).
   - Мы молитвенно просим зрелых христиан целенаправленно учить или наставлять нас.
   - Мы молитвенно просим малые группы верующих стать частью нашей группы ученичества.
   - Мы инвестируем наши жизни в этих учеников, когда мы вместе ищем Господа.
   - Методы изучения Библии через рассказывание историй в малых группах дает твердое библейское основание для того, чтобы помочь ученикам изучать Библию и передавать ее послание в своей сфере влияния.
   - Молитва, Слово Божие, и целенаправленная помощь друг другу для того, чтобы стать такими, как Иисус, это характеризует динамичное ученичество в церкви.

5. РАЗВИВАЮЩАЯСЯ ЦЕРКОВЬ

А. Христианская церковь началась с Иисуса Христа, который создал первую общину веры.
- Община веры собиралась регулярно вместе, чтобы поклоняться Богу.
- Потом она начала расти и преумножаться, когда возникли новые церкви благодаря первому миссионерскому путешествию Павла и Варнавы (Деян. 13-14).

Б. Павел поехал в свое второе миссионерское путешествие для того, чтобы насадить новые церкви, но Святой Дух повел его в другом направлении. (Деян. 16).
- Мы должны всегда оставаться открытыми для нового Божьего видения для Его работы и быть ведомыми Его Святым Духом.
- У Павла было видение. Оно не пришло от других людей или опроса общины. Оно пришло из сердца Бога. Наше видение для насаждения новых церквей должно также приходить из Божьего сердца.
- Павел видел в видении человека. Это не было видением с картой, или стратегией, или слоганом, или схемой, или программой. Видение Павла было направлено на потерянное человечество. Наше видение для насаждения новых церквей должно быть сосредоточено на потерянных людях, которым нужны отношения с Иисусом Христом.
- У Павла было видение человека из Македонии. Этот человек был из конкретного места, культуры, истории и говорил на своем языке. Бог также даст нам видение конкретной группы людей или общины. Нам необходимо открывать для себя Божье видение и быть послушными ему.
- У Павла было видение человека из Македонии, который

стоял. Это человек не был ниже Павла. Мы смотрим друг другу в глаза. Те люди, к которым мы идем с евангелием, достойны нашего уважения.
- У Павла было видение человека из Македонии, который стоял и взывал: «Приди и помоги нам!» Такое видение должно мотивировать нас. Мы должны идти в наши города, к нашим соседям, к нашим родным, в наши племена и в наши семьи. Мы должны принести Христа этому миру.

В. Божье видение включает в себя постоянное божественное руководство, когда Он раскрывает свой план для *развития церкви* Павлу.
- Человеком из Македонии оказалась женщина. Лидия из Филипп стала тем, кто лучше других откликнулся на это служение.
- Павел нашел наиболее хороших слушателей в группе женщин, молившихся на берегу реки.
- Теперь Павел начал свою работу в доме, а не в синагоге, как в первый раз, когда начинал церковь.
- Лидия, продавец дорогой ткани, была лидером в этой домашней церкви.
- Стратегии для развития церкви могут включать в себя модели, использованные ранее.

Г. Для насаждения церкви требуются большие жертвы.
- Действия, связанные со служением, привели Павла и Силу в тюрьму. Они охотно принесли эту личную жертву. Они пели гимны хвалы Богу, когда они страдали ради Него (Деян. 16:25).
- Сегодня церковные лидеры и последователи Христа платят ту же цену за то, что начинают новые церкви. Для этого требуется много часов молитвы, слез, тяжелого труда, усилий, денег и иногда пролития крови для того, чтобы начать новые церкви.

- Несмотря на личные проблемы Павла и Силы, новая домашняя церковь началась благодаря тому, что случилось с филиппийским тюремщиком, как ее новым пастором.

Д. Мы должны жить в присутствии Божьем, чтобы мы могли почувствовать и осознать присутствие Его Святого Духа, не смотря на наши обстоятельства.

- Павел и Сила не считали свои побои и ночь в тюрьме личной потерей. Скорее, они ощущали, что Дух Божий дает им победу, несмотря на негативные обстоятельства.
- Павел и Сила знали, что они были под руководством Святого Духа. Они знали, что он позаботится лично о них.
- Землетрясение, которое случилось в филиппийской тюрьме, напоминает нам, что Бог все еще участвует в таких ситуациях (Деян. 16:25-26). Он не забывает нас, когда нам сложно и тяжело в служении.
- Когда мы послушны Господу и Его воле, в Богом выбранное время, Господь, используя величайшую силу, вмешается. В то время, когда зло противостоит распространению Божьего царства, последнее слово остается за Богом.
- Мы не строим или расширяем Божье царство сами по себе. Бог строит Свое царство.

Е. Стратегии по *развитию церкви* изменились в течение истории христианской церкви.

- Первые 100 лет своей истории христианская церковь не строила церковные здания.
- Концепция посвященного церковного здания, собственности и полностью оплачиваемых пасторов для церквей пришла позже.
- В Церкви Назарянина дается такое определение церкви: любая группа, которая встречается регулярно для духовного наставления, прославления, или проповеди в

определенное время и в определенном месте, с назначенным лидером, и если ее послание и миссия согласуются с идеями Церкви Назарянина, может быть признана церковью, и учитываться в отчетах округа и статистике всей церкви (Совет Генеральных суперинтендантов). Другими словами, церковь – это группа верующих, а не здание или собственность.

- Святой Дух ведет сейчас церковь, чтобы она росла, используя новые способы.
- Каждая церковь должна открыть дочернюю церковь.
- Эти дочерние церкви встречаются в домах или в других доступных местах.
- Каждый пастор наставляет помощника пастора, который проходит обучение для служителей.
- Эта модель не требует финансов, чтобы начать дочернюю церковь. Прихожане могут ответить на Божий призыв и помочь начать новую церковь.
- Эта модель позволяет Богу растить Свою церковь в новых местах по всему миру. Ему только нужны воспринимающие сердца, чтобы уловить видение, ответить на призыв и позволить Богу действовать.

Ж. Цель развития церкви – достижение других людей для Иисуса Христа.

- Иисус сказал: «…и другим городам благовествовать Я должен Царствие Божие, ибо на то Я послан» (Лк. 4:43).
- Мы являемся посланниками Царства Божьего, которые посвятили свои жизни *развитию церкви*.
- Наши усилия не направлены на то, чтобы просто поддержать организацию.
- Мы хотим, чтобы как можно больше людей пришло к спасительному познанию Иисуса Христа.
- Мы хотим, поэтому воспитать этих верующих и воссоздать в них образ Божий.

- Иисус сказал: «А Я говорю вам: возведите очи ваши и посмотрите на нивы, как они побелели и поспели к жатве» (Ин. 4:35).

6. ПРЕОБРАЖАЮЩЕЕ ЛИДЕРСТВО

А. Мы хотим развивать лидеров подобных Христу. Иисус является нашим примером. Поэтому *преображающие лидеры* – это Христоподобные лидеры.

Б. *Преображающие лидеры* - скромные и подчиняющиеся.
- Они следуют за Иисусом Христом, который покорил Себя воле Отца (Фил. 2:5-8).
- Они полностью зависят от Бога и от Его ответа на их молитвы и на восполнение их нужд (Ин. 15:7).
- Они подчиняются авторитету других и меньше думают о себе (Еф. 5:21).

В. *Преображающие лидеры* являются служителями.
- Они следуют примеру Иисуса Христа, который пришел не для того, чтобы ему служили, а чтобы послужить другим (Мк. 10:45; Мф. 20:28).
- Они ведомы таким духом служения и таким отношением к другим (Фил. 2).

Г. У преображающих лидеров есть видение.
- «Без откровения свыше народ необуздан» (Пр. 29:18).
- «И отвечал мне Господь и сказал: запиши видение и начертай ясно на скрижалях, чтобы читающий легко мог прочитать» (Авв. 2:2).
- Иисус открыл для нас видение Царства Божьего. Мы должны делать то же самое, и таким способом, чтобы все могли ясно понять это.
- Такая характеристика – это то, что отличает лидеров от последователей. Лидеры с видением ищут Божьего видения для церкви и делятся этим видением с другими.

Д. *Преображающие лидеры* мыслят стратегически.
- У них есть возможность передать видение своим общинам и превратить их в инструменты для Божьего царства.
- Они понимают обстоятельства нашего времени и находят библейские ответы, как делали это дети Иссахаровы (1 Пар. 12:32).
- Они видят те души, которые должны стать частью царства Божьего.
- Они раскладывают видение на конкретные шаги и действия, чтобы мобилизовать верующих и послать их в созревшие поля.
- Они могут перевести видение и миссию в простые, но эффективные планы для Царства (Лк. 14:28-30).

Е. *Преображающие лидеры* создают команды.
- Иисус является нашим примером. Он создал команду и дал ей силу, а не стал делать все служение сам (Мф. 10).
- Ученики Иисуса были обычными людьми, но они перевернули мир (Деян. 17:6).
- *Преображающие лидеры* создают команды, которые включают каждого в церкви в работу для Царства Божьего.

Ж. *Преображающие лидеры* – милосердны и уверены в себе.
- Когда Иисус послал Своих учеников евангелизировать, Он сказал им «итак будьте мудры, как змии, и просты, как голуби» (Мф. 10:16).
- *Преображающие лидеры* должны знать, как уравновесить благодать и закон, справедливость и милость, и все уравновесить со святостью.
- Они должны быть мудрыми при принятии решений, и придерживаться принятых решений.
- Однако их решения должны быть приняты с милосердием.
- Они должны говорить истину в любви (Еф. 4:15).

3. *Преображающие лидеры* объясняют все ясно.
   - Во время Своего служения Иисус часто говорил: «имеющий уши, да слышит» (Мф. 13:43). Иисус хотел, чтобы Его последователи слушали внимательно и постоянно.
   - *Преображающие лидеры* должны стараться говорить так же ясно и точно, как Иисус Христос.
   - *Преображающие лидеры* понимают важность четкого, последовательного и убедительного способа передачи информации: «И если труба будет издавать неопределенный звук, кто станет готовиться к сражению?» (1 Кор. 14:8)

И. *Преображающие лидеры* дают власть другим для того, чтобы поднять новое поколение, которое будет руководить в царстве.
   - То, как руководил Иисус Навин, не помогло воспитать лидеров из нового поколения. Он был лидером только для своего поколения (Суд. 2:10).
   - *Преображающие лидеры* не строят империи, чтобы владеть самим; они наставляют свое поколение и следующее.
   - Они находят, учат и развивают наставников, которые дают власть, наставляют и воспитывают лидеров ради Божьего царства.
   - Никакое руководство не является успешным, если нет преемственности руководства следующим поколением. «…и что слышал от меня при многих свидетелях, то передай верным людям, которые были бы способны и других научить» (2 Тим. 2:2).

7. ЦЕЛЕНАПРАВЛЕННОЕ МИЛОСЕРДИЕ

A. *Целенаправленное милосердие* показывает любящее сердце

Бога.
- То, что Бог послал Своего Сына в мир и то, что Иисус умер за человечество – это Божий главный дар любви и милосердия.
- Ин. 3:16-17 говорит нам, что Бог отдал нам Своего Сына от избытка Своей любви, чтобы мы могли иметь жизнь вечную. Точно также 1Ин. 3:16-17 говорит нам, что любовь Божья к человечеству выражается в истинных актах милосердия, проявленных верующими по отношению к Божьему творению.
- Жизнь Иисуса, Его служение, смерть и воскресение показывают, насколько Его побуждала к действиям любовь к другим и ко всему миру. (Мф. 9:36)

Б. *Целенаправленное милосердие* всегда совершается во имя Иисуса.
- Иисус – наш пример милосердия. В Евангелиях Иисус от всего сердца Своего «сострадает» человечеству.
- Иисус особенно был милосерден и проявлял любовь к бедным, больным, потерянным, отверженным и беззащитным.
- Будучи полностью Богом и полностью человеком, Иисус является примером того, как нужно жить и как нужно любить.
- Мы действуем и служим, оказываем милосердие или щедрую поддержку во имя Иисуса, и мы прилагаем наши усилия, чтобы явить любовь Иисуса. (Мф. 10:42)

В. *Целенаправленное милосердие* уважает личность каждого человека.
- Народ Божий предлагает надежду, любовь и помощь во имя Иисуса таким путем, чтобы относиться с уважением к каждому человеку, как к тому, кто создан по образу Божьему, как к Божьему творению.
- У милосердия нет другого мотива, кроме как

распространять любовь Божью во Христе.

Г. *Целенаправленное милосердие* исходит естественным образом от преображенных верующих.

- Церковь призвана воплотить Божью любовь и милость в этом мире.
- Действие милосердия никогда не совершается только человеческими усилиями или благодаря социальной активности.
- Как у Тела Христова, у нас призыв к милосердию касается всех областей жизни, сформированных жизнью Христа и под руководством Духа Святого.
- Святой Дух преображает сердца верующих, которые, в свою очередь, действуют, чтобы принести физическое, социальное и духовное преображение в наш мир.
- Милосердие должно быть неотъемлемой и активной частью жизни и служения каждой общины.

Д. *Целенаправленное милосердие* – это наше веслианское определение для целостной миссии.

- Мы посланы Богом Отцом и нам дана сила Святым Духом идти в мир, чтобы любить и служить Господу.
- Мы верим, что Отец уже действует силой Духа в жизни каждого человека, и мы призваны идти вместе с ним и делать это благое дело.
- За истинной евангелизацией следует призыв и посвящение войти в жизни тех, кто вокруг нас, и участвовать в их жизни.
- Во имя Иисуса мы идем к страдающим и сломленным, и мы хотим принести исцеление, надежду, мир и любовь тем людям, кто нуждается, кто отвержен, и кто беззащитен.
- Мы приближаемся друг к другу благодаря дружбе и любви в общине, и это приводит к определенным социальным последствиям. Именно таким образом Бог строит и расширяет Тело Христово.

E. *Целенаправленное милосердие* исходит из наших жизней и выражает наше посвящение Божьей миссии освободить больной мир.

- Мы хотим увидеть, услышать и помочь разрушенному и страдающему миру так же, как это делает Бог.
- Мы хотим использовать все ресурсы, которые у нас есть, для того, чтобы уменьшить человеческие страдания и следовать Божьему плану восстановления, спасения и мира в этом мире и для этого мира.
- Мы также пытаемся исправить общественные системы, которые зациклены на том, что создают несправедливые структуры, помогающие угнетать людей, творить постоянное зло в нашем мире, и мы боремся с этим во имя Иисуса.
- Мы хотим во всем, что мы делаем, помочь исполнить миссию Господа и принести славу Богу (Мих. 6:8).

НАШЕ ВЕСЛИАНСКОЕ БОГОСЛОВИЕ

ЧУДО ПРЕОБРАЖАЮЩЕЙ БЛАГОДАТИ

«Благодать, которая больше, чем весь наш грех». Какая удивительная мысль! И это только первая строчка гимна.

Бог воплотился в Иисусе и действовал решительно, чтобы примирить с Собою мир (Ин. 3:15-16; Рим. 1:1-16). Когда мы были еще грешниками, Бог отдал Сына Своего «как жертву умилостивления» за грехи (Рим. 3:25). Господь всего творения взял на себя грехи мира и уготовил нам всем спасение!

Во Христе Иисусе праведность Божья – Его спасение – была

явлена (Рим. 3:21). Если бы Бог этого не сделал, то все человечество было бы безнадежно навечно отделено от Бога (Еф. 1:5-2:10). Но это произошло и все силы, разделявшие нас с Богом, были побеждены (Кол. 2:15). Теперь «через веру в Иисуса Христа» (Рим. 3:22) мы стали свободными (Рим 8:2)!

В Новом Завете слышен единый продолжающийся гимн хвалы Богу, который даровал богатства свои нам (Еф. 1:6-10). Во Христе вся полнота Божества обитала телесно, и те, кто принимают Христа, достигнут всей полноты в Нем (Кол. 2:8-15). После перечисления преимуществ Божьей благодати Павел восклицает: «О, бездна богатства и премудрости и ведения Божия!» (Рим. 11:33). Некоторые из этих богатств могут быть названы: прощение грехов, обитание Духа в нас, преображение в образ Христов, вечная жизнь, мир с Богом, освящение, общение Церкви, надежда на возвращение Господа.

Когда Иисус говорил, то многие люди услышали то, что действительно стало для них «благой вестью», то есть то, что Бог примирил грешников с собой по благодати. Даже всеми ненавидимый сборщик налогов или женщина, пойманная в прелюбодеянии, услышав о Божьей любви, могли покаяться, получить прощение и жизнь вечную. Бог отдает себя по благодати всем, кто признает свою собственную неспособность сделать хоть что-то, чтобы заслужить Его любовь (Лук. 15).

Задолго до того, как мы узнаем об этом, Дух Святой действует и пытается привести нас к спасению. Псалмопевец говорит, что нет места на земле, где нельзя бы было услышать голос Бога (Пс. 20:3). Павел говорит нам, что каждое мгновение существование всего творения зависит от Христа (Кол. 1:15-17). Иоанн провозглашает, что Христос просветил каждого (Ин. 1:9).

Такими путями, которые соответствуют творческой активности и верности Бога, Дух Святой действует и в жизни каждого человека, и в истории общества для того, чтобы открыть двери для Евангелия. Он приходит до того, как Евангелие будет провозглашено и подготавливает людей к тому, чтобы они услышали – и, возможно, приняли – Благую Весть.

В ретроспективе все христиане могут увидеть, каким образом Святой Дух привел их к христианскому искуплению. Мы говорим о действии Божьей благодати по подготовке и это называется «предваряющая благодать», или благодать, которая приходит заранее.

Бог за нас. Все, что Бог совершил через Своего Сына, Он теперь предлагает нам посредством Духа Святого. Действительно, все творение получает преимущества от спасения, которое Отец совершил в Своем Сыне (Рим. 8:19-25).

Оправдание – это милостивое действие Бога, когда Он прощает нас и примиряет грешников с Собой. Оправдание—снова возвратиться к любви Божьей — происходит только по благодати через веру.

Оправдание – это лишь одно из спасающих действий Бога. Следующее преимущество заключается в том, что Дух Божий действительно пребывает в кающемся грешнике для того, чтобы в нем началась жизнь Божья. Он или она рождаются снова—возрождаются — посредством Духа Божия. Новый Завет называет это новое начало духовной жизни новым творением, рождением заново, рождением свыше, вечной жизнью, вхождением в Царство Божие, хождением в обновленной жизни, и жизнью в Духе.

Как бы мы это не назвали, но чудесным образом по Божьей благодати Святой Дух на самом деле поселяется в христианах и производит преобразование. Там, где была смерть, теперь есть жизнь; есть мир с Богом там, где была война; надежда, где было отчаяние. Новый Завет говорит: «кто во Христе, *тот* новая тварь; древнее прошло, теперь все новое. Все же от Бога» (2 Кор. 5:17-18а).

Новый Завет говорит о том, что христиане находятся «во Христе» и что Христос в них. С одной стороны, христиане теперь примирены с Богом, потому что по вере они «во Христе» (Рим. 8:1), в Нем, который примирил покаявшихся грешников с Отцом.

Но Новый Завет также говорит о том, что Христос в нас как «упование славы» (Кол. 1:27). Посредством Святого Духа, воскресший Христос передает Свою жизнь—Себя—Своему народу. Он пребывает в них и взращивает в них плоды Духа (Гал. 5:22-23).

«Но, - спрашивают многие, - на самом деле, какую духовную жизнь я могу ожидать как христианин? Не создали ли старые греховные привычки модель для моего образа жизни? Или Дух Божий теперь внутри меня предлагает мне лучшую жизнь?» Новый Завет отвечает: «Тот, Кто в вас, больше того, кто в мире» (1 Ин. 4:4).

Та же сила, что воскресила Иисуса Христа из мертвых, сделав Его Победителем смерти, ада, греха и могилы, теперь действует в нас посредством Духа Святого (Еф. 1:19)! Однажды старый закон греха и смерти правил. Но теперь «закон духа жизни во Христе Иисусе освободил меня от закона греха и смерти» (Рим. 8:2).

Радостной действительностью для всех христиан является то, что они исполнены Святым Духом, и что они живут не по плоти, а по Духу (Рим. 8:1-8). Испытали ли вы лично в вашей жизни чудо преображающей Божьей благодати?

"THE MIRACLE OF TRANSFORMING GRACE." ESSAY TAKEN FROM, *THE REFLECTING GOD STUDY BIBLE® 2000.* BIBLE COPYRIGHT BY THE ZONDERVAN CORPORATION AND ESSAY BY BEACON HILL PRESS OF KANSAS CITY. USED BY PERMISSION OF PUBLISHER. ALL RIGHTS RESERVED.

ЦЕРКОВЬ НАЗАРЯНИНА
ДОГМАТЫ ВЕРЫ

СТАТЬЯ I
ТРИЕДИНЫЙ БОГ

Мы верим в единого, вечного, вездесущего Бога, Суверенного Творца и Хранителя Вселенной. Он один есть Бог; Его сущность, свойства и цели – святы. Бог, Кто есть святая любовь и свет, Триедин по своей природе и открылся нам как Отец, Сын и Дух Святой.

Бытие 1, Левит 19:2, Второзаконие 6:4-5, Исаии 5:16; 6:1-7; 40:18-31, Матфея 3:16-17; 28:19-20, Иоанна 14:6-27, 1 Коринфянам 8:6, 2 Коринфянам 13:14, Галатам 4:4-6, Ефесянам 2:13-18, 1 Иоанна 1:5; 4:8

СТАТЬЯ II
ИИСУС ХРИСТОС

Мы верим в Иисуса Христа, который есть Вторая Личность Триединого Бога. Мы верим, что Он был вечно един с Отцом, что Он воплотился посредством Духа Святого и был рожден от Девы Марии. Таким образом, два целых и совершенных естества: Божественное и человеческое полностью объединены в одной Личности – истинно Бог и истинно человек, Бог-человек.

Мы верим, что Иисус Христос умер за наши грехи и что Он истинно воскрес из мертвых, принявши опять свое тело со всем присущим совершенному человеческому естеству, и Он вознесся на небо и там ходатайствует за нас перед Богом.

Матфея 1:20-25; 16:15-16, Луки 1:26-35, Иоанна 1:1-18, Деяния 2:22-36, Римлянам 8:3; 32-34, Галатам 4:4-5, Филиппийцам 2:5-11, Колоссянам 1:12-22, 1 Тимофею 6:14-16, Евреям 1:1-5; 7:22-28; 9:24-28, 1 Иоанна 1:1-3; 4:2-3, 15

СТАТЬЯ III
ДУХ СВЯТОЙ

Мы верим в Духа Святого, который есть Третья Личность Триединого Бога. Он постоянно присутствует в Церкви Христовой, действуя в ней и через нее, обличая мир во грехе, возрождая тех, кто покаялся и уверовал, освящая верующих и наставляя их на всякую истину, которая есть во Христе.

Иоанна 7:39; 14:15-18, 26; 16:7-15, Деяния 2:33; 15:8-9, Римлянам 8:1-27, Галатам 3:1-14; 4:6, Ефесянам 3:14-21, 1 Фессалоникийцам 4:7-8, 2 Фессалоникийцам 2:13, 1 Петра 1:2, 1 Иоанна 3:24; 4:13

СТАТЬЯ IV
СВЯЩЕННОЕ ПИСАНИЕ

Мы верим в полное Богодухновение Священного Писания, под которым понимаем 66 книг Ветхого и Нового Заветов. Они были даны посредством Божественного вдохновения, безошибочно открывая для нас волю Божию в отношении к тому, что необходимо для нашего спасения. Поэтому все, что не содержится в Священном Писании не должно быть истолковано как догмат веры.

Луки 24:44-47, Иоанна 10:35, 1 Коринфянам 15:3-4, 2 Тимофею 3:15-17, 1 Петра 1:10-12, 2 Петра 1:20-21

СТАТЬЯ V
ГРЕХ ПЕРВОРОДНЫЙ И ЛИЧНЫЙ

Мы верим, что грех вошел в мир в результате непослушания наших прародителей, а через грех – смерть. Мы верим, что грех является двояким: первородный грех или нравственная испорченность, и действительный, т.е. личный грех.

Мы верим, что первородный грех или нравственная испорченность заключается в развращенности естества каждого потомка Адама. В результате этого каждый человек отдалился от первоначальной праведности и от состояния непорочности наших прародителей в момент их сотворения и находится в противоречии с Богом, не имеет духовной жизни и постоянно склонен ко злу. Далее мы верим, что первородный грех продолжает влиять на новую жизнь возрожденного человека до тех тор, пока его сердце не будет полностью очищено посредством крещения Духом Святым.

Мы верим, что первородный грех отличается от действительного греха. Первородный грех представляет собой наследственную склонность к действительному греху. За эту склонность человек несет ответственность лишь в том случае, если предложенное Богом средство избавления от этого он отвергает или пренебрегает им.

Мы верим, что действительный или личный грех является сознательным нарушением известного Божьего Закона человеком, способным нести нравственную ответственность. К действительному греху не относятся непроизвольные и неизбежные недостатки, немощи, ошибки, упущения или другие отклонения от образца совершенного поведения, являющиеся остаточными последствиями грехопадения. Однако эти незначительные последствия не должны включать в себя такое отношение к миру или реакцию на происходящее, которые противоречат Духу Христа, в противном случае их можно справедливо назвать грехами скверны духа. Мы верим, что личный грех, прежде всего, есть нарушение заповеди Любви, а по отношению к Христу грех может быть определен как неверие.

Первородный грех: Бытие 3; 6:5, Иова 15:14, Псалтырь 50:5, Иеремия 17:9-10, Марка 7:21-23, Римлянам 1:18-25; 5:12-14, 7:1-8:9, Коринфянам 3:1-4, Галатам 5:16-25,1 Иоанна 1:7-8.

Личный грех: Матфея 22:36-40 (и 1 Иоанна 3:4), Иоанна 8: 34-36, 16:8-9, Римлянам 3:23; 6: 15-23; 8:18-24; 14:23, 1 Иоанна 1:9-2:4; 3:7-10

СТАТЬЯ VI
ИСКУПЛЕНИЕ

Мы верим, что Иисус Христос посредством Своих страданий, пролития Своей крови и Своей смерти на кресте совершил полное искупление всего человеческого греха, и что это Искупление есть единственная основа для спасения, и оно является достаточным для спасения каждого человека, произошедшего от Адама. Это Искупление по благодати Божьей является также достаточным для спасения всех людей, которые не в состоянии нести нравственную ответственность за свои поступки (примечание переводчика: психически недееспособные), а также для невинных детей. Но для всех остальных, кто достиг возраста нравственной ответственности, это Искупление вступает в силу только в момент их покаяния и веры.

Исаии 53:5-6,11, Марка 10:45, Луки 24:46-48, Иоанна 1:29; 3:14-17, Деяния 4:10-12, Римлянам 3:21-26; 4:17-25; 5:6-21;1 Коринфянам 6:20, 2 Коринфянам 5:14-21, Галатам 1:3-4; 3:13-14, Колоссянам 1:19-23, 1 Тимофею 2:3-6, Титу 2:11-14, Евреям 2:9; 9:11-14; 13:12, 1 Петра 1:18-21; 2:19-25, 1 Иоанна 2:1-2

СТАТЬЯ VII
ПРЕДВАРЯЮЩАЯ БЛАГОДАТЬ

Мы верим, что сотворение человека по образу и подобию Божьему включало способность избирать между добром и злом, и таким образом, человек был наделен способностью нести нравственную ответственность. Мы верим, что через грехопадение Адама человек стал настолько испорченным и развращенным, что он не может обратиться к Богу и уверовать, делая что-то, опираясь только на свои собственные силы. Но мы также верим, что благодать Божия в Иисусе Христе свободно дарована всем людям; она дает возможность всем, кто желает обратиться от греха к праведности, уверовать в Иисуса Христа и получить прощение и очищение от греха, а также совершать добрые дела, угодные и благоприятные с Его точки зрения.

Мы верим, что даже человек, переживший рождение свыше и имеющий опыт полного освящения, может отпасть от благодати и отречься от Бога и, если он не покается в своем грехе, будет безнадежно и вечно потерян.

Богоподобие и нравственная ответственность: Бытие 1:26-27; 2:16-17, Второзаконие 28:1-2; 30:19, Иисуса Навина 24:15, Псалтырь 8:3-5, Исаии 1:8-10, Иеремии 31:29-30, Иезекииля 18:1-4, Михея 6:8, Римлянам 1:19-20; 2:1-16; 14:7-12, Галатам 6:7-8

Естественная неспособность человека: Иова 14:4; 15:14; Псалтырь 14:1-4, 50:5, Иоанна 3:6а, Римлянам 3:10-12, 5:12-14, 20а; 7:14-25

Дар благодати и дела веры: Иезекииля 18:25-26, Иоанна 1:12-13; 3:6б, Деяния 5:31, Римлянам 5:6-8, 18; 6:15-16, 23; 10:6-8; 11:22, 1 Коринфянам 2:9-14; 10:1-12, 2 Коринфянам 5:18-19, Галатам 5:6, Ефесянам 2:8-10, Филиппийцам 2:12-13, Колоссянам 1:21-23, 2 Тимофея 4:10а, Титу 2:11-14, Евреям 2:1-3; 3:12-15; 6:4-6; 10:26-31, Иакова 2:18-22, 2 Петра 1:10-11; 2:20-22

СТАТЬЯ VIII
ПОКАЯНИЕ

Мы верим, что покаяние является искренним и полным изменением образа мышления в отношении к греху, и включает в себя осознание личной вины и добровольное отречение от всякого греха. Оно необходимо всем, кто в своих поступках или помышлениях согрешил перед Богом. Дух Божий дарует всем кающимся благодатную помощь для истинного раскаяния в своем сердце и надежду на милость Божию в том, что они могут уверовать, получить прощение и духовную жизнь.

2 Паралипоменон 7:14, Псалтирь 31:5-6; 51:1-17, Исаии 55:6-7, Иеремии 3:12-14, Иезекииля 18:30-32; 33:14-16, Марка 1:14-15, Луки 3:1-14; 13:1-5; 18:9-14, Деяния 2:38; 3:19; 5:31; 17:30-31; 26:16-18, Римлянам 2:4, 2 Коринфянам 7:8-11, 1 Фессалоникийцам 1:9, 2 Петра 3:9

СТАТЬЯ IX
ОПРАВДАНИЕ, ВОЗРОЖДЕНИЕ, УСЫНОВЛЕНИЕ/УДОЧЕРЕНИЕ

Мы верим, что оправдание есть благодатное действие правосудия Божьего, посредством которого Он полностью прощает вину и освобождает от наказания за совершенные грехи, а также принимает и признает праведными всех, кто уверовал в Иисуса Христа и принял Его как Господа и Спасителя.

Мы верим, что возрождение или рождение свыше есть благодатное действие Божье, через которое нравственная природа покаявшегося человека духовно преображается и ему даруется новая духовная жизнь, когда он становится способным верить, любить и быть послушным.

Мы верим, что усыновление/удочерение есть благодатное действие Божье, через которое оправданный и возрожденный верующий, становится чадом Божиим.

Мы верим, что оправдание, возрождение и усыновление/удочерение человек, ищущий Бога, испытывает одновременно; и они обретаются при условии веры, которой предшествует покаяние; об этом состоянии благодати верующему свидетельствует Дух Святой.

Луки 18:14, Иоанна 1:12-13; 3:3-8; 5:24, Деяния 13:39, Римлянам 1:17; 3:21-26, 28; 4:5-9, 17-25; 5:1, 16-19; 6:4; 7:6; 8:1, 15-17, 1 Коринфянам 1:30; 6:11, 2 Коринфянам 5:17-21, Галатам 2:16-21; 3:1-14, 26; 4:4-7, Ефесянам 1:6-7; 2:1, 4-5, Филиппийцам 3:3-9, Колоссянам 2:13, Титу 3:4-7, 1 Петра 1:23, 1 Иоанна 1:9, 3:1-2,9; 4:7; 5:1, 9-13, 18

СТАТЬЯ X
ХРИСТИАНСКАЯ СВЯТОСТЬ И ПОЛНОЕ ОСВЯЩЕНИЕ

Мы верим, что освящение есть действие Божье, которое преображает верующего в подобие Христу. Оно производится посредством Божьей благодати через Духа Святого в момент начального освящения, или возрождения (одновременно с оправданием), в момент полного освящения и это продолжающееся действие Святого Духа завершается в момент прославления (примечание переводчика: после смерти). В прославленном состоянии мы полностью соответствуем образу Сына.

Мы верим, что полное освящение есть действие Божье, следующее за возрождением, посредством которого верующий освобождается от первородного греха или нравственной испорченности и вводится в положение полного посвящения Богу и к святому послушанию совершенной любви.

Полное освящение происходит через крещение или исполнение Святым Духом, и воспринимается человеком как очищение сердца от греха и постоянное присутствие в нем Духа Святого, который дарует верующему силу для жизни и для служения.

Полное освящение дается благодаря крови Христа, оно совершается мгновенно по благодати через веру; ему предшествует полное посвящение. Дух Святой свидетельствует верующему об этом действии и состоянии благодати.

Этот духовный опыт и его различные стадии также можно назвать разными словами, такими как «христианское совершенство», «совершенная любовь», «чистота сердца», «крещение или исполнение Святым Духом», «полные благословение» и «христианская святость».

Мы верим, что существует явное различие между чистотой сердца и духовной зрелостью человека. Чистота сердца обретается мгновенно и является результатом полного освящения; духовная зрелость есть результат возрастания в благодати.

Мы верим, что благодать полного освящения включает в себя побуждение от Бога возрастать в благодати как ученики подобные Христу. Однако, этому побуждение должно быть оказано сознательно содействие, и особое внимание необходимо уделить тому, что требуется для процесса духовного роста и уподобления Христу, включая наш характер и личные качества. Без целенаправленных усилий со стороны верующего его свидетельство может потерять силу, и действие благодати сводится на нет. В итоге, благодать может быть утеряна.

Участвуя в том, что называется средствами благодати, особенно в общении, ученичестве и в обрядах Церкви, верующие растут в благодати и в любви от всего сердца к Богу и к ближнему.

Иеремии 31:31-34, Иезекииля 36:25-27, Малахии 3:2-3, Матфея 3:11-12, Луки 3:16-17, Иоанна 7:37-39; 14:15-23; 17:6-20, Деяния 1:5; 2:1-4; 15:8-9, Римлянам 6:11-13,19; 8:1-4,8-14; 12:1-2, 2 Коринфянам 6:14-7:1, Галатам 2:20; 5:16-25, Ефесянам 3:14-21; 5:17-18, 25-27, Филиппийцам 3:10-15, Колоссянам 3:1-17, 1 Фессалоникийцам 5:23-24, Евреям 4:9-11; 10:10-17; 12:1-2; 13:12, 1 Иоанна 1:7,9

«Христианское совершенство», «Совершенная Любовь»: Второзаконие 30:6, Матфея 5:43-48; 22:37-40, Римлянам 12:9-21; 13:8-10, 1 Коринфянам 13, Филиппийцам 3:10-15, Евреям 6:1, 1 Иоанна 4:17-18.

«Чистота сердца»: Матфея 5:8, Деяния 15:8-9, 1 Петра 1:22, 1 Иоанна 3:3.

«Крещение Святым Духом»: Иеремии 31:31-34, Иезекииля 36:25-27, Малахии 3:2-3, Матфея 3:11-12, Луки 3:16-17, Деяния 1:5; 2:1-4; 15:8-9.

«Полнота благословения»: Римлянам 15:29.

«Христианская Святость»: Матфея 5:1-7:29, Иоанна 15:1-11, Римлянам 12:1-15:3, 2 Коринфянам 7:1, Ефесянам 4:17-5:20, Филиппийцам 1:9-11; 3:12-15, Колоссянам 2:20-3:17, 1 Фессалоникийцам 3:13; 4:7-8; 5:23, 2 Тимофею 2:19-22, Евреям 10:19-25; 12:14; 13:20-21, 1 Петра 1:15-16, 2 Петра 1:1-11; 3:18, Иуды 20-21.

СТАТЬЯ XI
ЦЕРКОВЬ

Мы верим в церковь – общину тех, кто исповедует Иисуса Христа как Господа. Они есть народ завета Божьего, новое творение во

Христе, тело Христово, призванные Духом Святым через Слово.

Бог призывает церковь действовать в единстве и общении Духа Святого, в поклонении Богу и в прославлении Его через проповедь слова Божьего, через соблюдение таинств, через служение во имя Его, через послушание Христу, через жизнь в святости, включающую взаимную ответственность друг перед другом.

Миссией Церкви в мире является продолжение служения Христа по искуплению и примирению в силе Духа Святого. Церковь исполняет свою миссию, подготавливая учеников через евангелизацию, образование, оказание милосердия, восстановление справедливости, и свидетельствуя о Царстве Божьем.

Церковь есть историческая реальность, использующая при организации те формы, которые присущи местной культуре. Она существует как местная церковь и как вселенское тело Христово на Земле. Она избирает тех людей, кого Бог призвал к особому служению. Бог призывает Церковь к жизни под Его Господством, в послушании Его заповедям, ожидая завершения всего в день возвращения Господа нашего Иисуса Христа.

<small>Исход 19:3, Иеремии 31:33, Матфея 8:11; 10:7; 16:13-19, 24; 18:15-20; 28:19-20, Иоанна 17:14-26; 20:21-23, Деяния 1:7-8; 2:32-47; 6:1-2; 13:1; 14:23, Римлянам 2:28-29; 4:16; 10:9-15; 11:13-32; 12:1-8; 15:1-3; 1 Коринфянам 3:5-9; 7:17; 11:1,17-33; 12:3, 12-31; 14:26-40, 2 Коринфянам 5:11-6:1, Галатам 5:6, 13-14, 6:1-5, 15, Ефесянам 4:1-17; 5:25-27, Филиппийцам 2:1-16, 1 Фессалоникийцам 4:1-12, 1 Тимофею 4:13, Евреям 10:19-25, 1 Петра 1:1-2, 13; 2:4-12,21; 4:1-2,10-11, 1 Иоанна 4:17, Иуды 24, Откровение 5:9-10</small>

СТАТЬЯ XII
КРЕЩЕНИЕ

Мы верим, что христианское крещение, заповеданное нашим Господом, является таинством, обозначающим принятие искупления, совершенного Иисусом Христом. Возможность крещения предоставляется всем верующим и является выражением их веры в Иисуса Христа как в их Спасителя и их желания полностью повиноваться Ему в святости и праведности.

Так как крещение является символом Нового завета, крещение маленьких детей возможно по просьбе родителей или их опекунов, которые обязаны дать обещание, что будут воспитывать ребенка в христианской вере.

Крещение производится посредством окропления, поливания или посредством полного погружения в воду, соответственно желанию человека, который крестится.

Матфея 3:1-7; 28:16-20, Деяния 2:37-41; 8:35-39; 10:44-48; 16:29-34; 19:1-6; Римлянам 6:3-4, Галатам 3:26-28, Колоссянам 2:12, 1 Петра 3:18-22

СТАТЬЯ XIII
ВЕЧЕРЯ ГОСПОДНЯ

Мы верим, что Вечеря Господня установлена нашим Господом и Спасителем Иисусом Христом и является, по сути, новозаветным таинством, возвещающем о Его жертвенной смерти, посредством которой верующие имеют спасение, жизнь и обетование всех духовных благословений во Христе. Вечеря Господня предназначена для тех, кто готов благоговейно оценить её значение, таким образом «смерть Господню возвеща, доколе Он придет». Так как Вечеря является общением верующих, то в ней приглашаются участвовать лишь те, кто имеет веру в Иисуса Христа и братскую любовь ко всем святым.

Исход 12:1-14, Матфея 26:26-29, Марка 14:22-25, Луки 22:17-20, Иоанна 6:28-58, 1 Коринфянам 10:14-21; 11:23-32

СТАТЬЯ XIV
БОЖЕСТВЕННОЕ ИСЦЕЛЕНИЕ

Мы верим в учение Библии о Божественном исцелении и поэтому предлагаем членам нашей церкви с верой молиться об исцелении больных. Мы также верим, что Бог исцеляет при помощи современной науки в области медицины.

4 Царств 5:1-19, Псалтырь 103:1-5, Матфея 4:23-24; 9:18-35, Иоанна 4:46-54, Деяния 5:12-16; 9:32-42; 14:8-15, 1 Коринфянам 12:4-11, 2 Коринфянам 12:7-10, Иакова 5:13-16

СТАТЬЯ XV
ВТОРОЕ ПРИШЕСТВИЕ ИИСУСА ХРИСТА

Мы верим, что Господь Иисус Христос возвратится. Во время Его пришествия первыми будут воскрешены умершие во Христе, затем те, кто живы, если пребудут в Нем, будут восхищены вместе с ними и встретятся с Господом в воздухе, чтобы всегда быть с Ним.

Матфея 25:31-46, Иоанна 14:1-3, Деяния 1:9-11, Филиппийцам 3:20-21, 1 Фессалоникийцам 4:13-18, Титу 2:11-14, Евреям 9:26-28, 2 Петра 3:3-15, Откровение 1:7-8; 7-20

СТАТЬЯ XVI
ВОСКРЕСЕНИЕ, СУД И ВЕЧНАЯ ЖИЗНЬ

Мы верим в воскресение мертвых, это значит, что тела как праведных, так и неправедных будут воскрешены к жизни и соединятся с их духом – «и изыдут творившие добро в воскресение жизни, а делавшие зло - в воскресение осуждения».

Мы верим в будущий суд, во время которого каждый человек явится перед Богом, и будет судим соответственно своим делам, которые он совершил во время своей жизни.

Мы верим, что всем тем, кто поверил в Иисуса Христа во спасение и в послушании следует за нашим Господом, уготована славная и вечная жизнь. Нераскаявшиеся до конца, будут вечно страдать в аду.

Бытие 18:25, 1 Царств 2:10, Псалтырь 49:6, Исайи 26:19, Даниила 12:2-3; Матфея 25:31-46, Марка 9:43-48, Луки 16:19-31; 20:27-38, Иоанна 3:16-18; 5:25-29, 11:21-27, Деяния 17:30-31, Римлянам 2:1-16; 14:7-12, 1 Коринфянам 15:12-58, 2 Коринфянам 5:10, 2 Фессалоникийцам 1:5-10, Откровение 20:11-15; 22:1-15

НАША ЭККЛЕЗИОЛОГИЯ

МЫ – ЧАСТЬ ХРИСТИАНСКОЙ ЦЕРКВИ

«Церковь» - это слово, которое часто очень сложно понять. Из-за того, что мы используем это слово в разных ситуациях, нам необходимо дать определение, используя более точные термины. Это называется «экклезиологией», то есть «изучением церкви».

Во-первых, Церковь Назарянина отождествляет себя с теми, кто в Библии называется «народом Божьим». Более точно можно сказать, что мы часть «единой, святой, вселенской и апостольской церкви». Это фраза взята из древнего символа веры, и христиане во всем мире и на протяжении истории верят в это. Каждое из четырех слов в этой фразе описывает один из важных аспектов «церкви».

Мы крестимся в «Церковь Христа», а не в Церковь Назарянина.

Наше крещение – это и личное действие и публичное, в котором мы видим действие Божьей благодати: Его предваряющей благодати – это означает, что Бог действовал в нашей жизни до того, как мы узнали Его — а также Его спасающей благодати.

Наши служители рукоположены «в Церкви Божьей», а не в Церкви Назарянина. Таким образом, наши назарянские общины являются частью «вселенской церкви», и эту фразу мы используем, чтобы описать собрание всех верующих во всем мире и на протяжении всей истории.

Мы верим в библейское определение святости Божьей и святости Его Церкви. Бог избрал Церковь стать инструментом Своей Божественной благодати, и Он осуществил ее существование посредством Святого Духа. Святой Дух есть жизнь и сила Церкви, и Он делает ее живым телом Христа в этом мире. Христианская церковь свидетельствует о той истине, что поклонение Богу есть единственная истинная цель жизни человека. Поэтому она призывает грешников покаяться и изменить их жизни. Она питает верующих посредством жизни в общине во всей полноте, и она призывает верующих к жизни в святости, что означает к Христоподобной жизни. Через свою святость и верность церковь являет этому миру Царство Божие. Поистине, церковь является мерилом свой собственной вести.

МЫ ИСПОЛНЯЕМ МИССИЮ БОГА

Бог создал вселенную огромного масштаба. В природе и на протяжении всей истории Он создает людей по Своему образу, чтобы Божья любовь могла процветать. В этом мире у Бога есть Его миссия, а мы получаем эту миссию от Него. Когда грех разрушил сотворенный мир, то была явлена искупительная природа этой миссии. Эта миссия заключается в «восстановлении всего творения для тех целей, которые были у Бога при сотворении».[1] Восстановление человечества является основной частью Божьей миссии.

Джон Весли определил это восстановление как освящение. Говоря его словами, это «обновление нашей души по образу Божьему», который он охарактеризовал как «праведность и истинная святость».[2] Миссия Бога отражена в призыве Авраама, которого Он избрал, чтобы благословить, чтобы потомки Авраама могли стать «благословением для всех народов» (Бытие 12:1-3). Это проявилось в истории Израильтян, которые свидетельствовали о едином Боге, чье имя они провозглашали всем народам на земле.

Христиане знают Бога, как Святую Троицу – три личности в одном—наиболее полно это явлено в Иисусе Христе Господе нашем. Святой Дух приглашает нас участвовать в миссии Бога, и дает нам силы делать это. Церковь вступает в завет, который Бог впервые заключил с Авраамом. Частью освященной жизни церкви является то, что церковь продолжает оставаться благословением для всех народов.

Мы присоединяемся к другим христианам в Божьей миссии, но мы строго придерживаемся своего видения как международная деноминация, следуя тому порядку, который соответствует нашему образу жизни. Национальные границы не ограничивают церковь, так как Христос открыл ее для всех народов и всех рас.

---

[1] Roger L. Hahn, "The Mission of God in Jesus' Teaching on the Kingdom of God," in Keith Schwanz and Joseph Coleson, eds., *Missio Dei: A Wesleyan Understanding* (2011), 58.

[2] John Wesley, *Sermons, Volume II* (1902), p. 373; John Wesley, *A Plain Account of Christian Perfection,* in J. A. Wood, *Christian Perfection as Taught by John Wesley* (1885), 211.

СЛУЖИМ КАК ХРИСТОС В ЭТОМ МИРЕ

Основой христианского служения является библейское поручение свидетельствовать о Божьей любви – о любви, которая наиболее явно видна в личности Христа. В момент крещения верующие объявляют о своем намерении быть свидетелями в этом мире как ученики Христа. Верное ученичество – это внешний знак Божьей внутренней благодати в нас. Также это знак действия Божьей благодати в этом мире, который «Бог так возлюбил» (Ин. 3:16). Как члены тела Христова все верующие снаряжены для служения. Некоторые призваны стать особыми лидерами в церкви, и церковь рукополагает их как апостольских служителей. То есть, мы можем сказать, что церковь признает их, как лидеров, которые продолжают работу, начатую апостолами. Их призыв полностью укоренен в их личном познании Бога.

Вместе, священство (те, кто был рукоположен как служитель) и прихожане (все остальные верующие) различают и признают дары и благодать в членах тела Христова. Это происходит, прежде всего, в поместной церкви. Потом на окружной ассамблее – ежегодном собрании, куда церкви собираются вместе, чтобы поддержать друг друга и работу деноминации – они избирают тех, кто будет рукоположен как служители. Дьяконы – это те, кто призван и рукоположен служить там, где проповедь и таинства не являются их основной ответственностью. Старейшины рукополагаются для того, чтобы сформировать тело Христово через проповедь Евангелия, совершение таинств, взращивание людей через поклонение, и через поддерживание порядка в жизни общины.

Суперинтенданты избираются в округе или для служения во всемирном офисе на ассамблеях прихожан и священников. Окружные суперинтенданты являются духовными лидерами и пасторами для церквей, членов церквей и священства в определенной области. Генеральные суперинтенданты исполняют апостольское и пасторское служение для всей деноминации, поддерживая единство церкви в учении и в святости. Они следуют модели жизни Христа все вместе, и они передают видение, которому следует вся церковь.

Суперинтенданты должны рассматривать все вопросы с международной точки зрения. Они должны поделиться видением о том, какие необходимы ресурсы для разных частей церковного тела, участвовать в распределении ресурсов нуждающимся областям нашего мирового служения, и объединять церковь в ее миссии и в ее вести. Через рукоположение служителей на различных окружных ассамблеях, а также другими способами, они поддерживают единство деноминации при таком огромном разнообразии: национальном, экономическом, расовом и языковом.

НАША ФОРМА ПРАВЛЕНИЯ

Назаряне всегда признавали, что их церковь представляет собой всего лишь одну из моделей существования церкви в мире. Мы верим, что в Писании не показана определенная модель управления церковью, и наша форма правления может быть сформирована на основании общего соглашения, что все используемое нами не противоречит Писанию. Из-за этого, мы верим, что наша цель и наша миссия должны формировать нашу структуру. (Для получения дальнейшей информации, см. «Историческую справку» в *Руководстве Церкви Назарянина*).

Церковь Назарянина принимает для себя демократическую версию исторического способа организации церкви (называемую «методистская епископальная форма правления»). Мы расширили права священников и прихожан и ограничили полномочия епископа, предпочтя вместо этого избирать суперинтендантов.

Вот основные элементы Назарянской формы правления.

- У нас есть три уровня управления:
    1. Общины избирают делегатов, которые представляют их на ежегодных собраниях, называемых окружными ассамблеями.
    2. Окружные ассамблеи избирают делегатов на Генеральную ассамблею, которая проходит один раз в четыре года.
    3. Решения Генеральной ассамблеи являются обязательными для всей церкви и для каждой ее части в отдельности.
- Генеральная ассамблея избирает генеральных суперинтендантов, которые направляют служение деноминации на мировом уровне и руководят всей церковью. Они служат от момента одной генеральной ассамблеи до следующей и должны быть переизбраны на каждой ассамблеи. Каждый генеральный суперинтендант отвечает за определенный список округов, в которых проводятся окружные ассамблеи и рукополагаются новые служители, и это входит в его или ее сферу ответственности. Число генеральных суперинтендантов было разным с течением времени, но с 1960 года их число остается равным шести. Совместно они образуют Совет Генеральных суперинтендантов, который встречается несколько раз в год.
- Генеральная ассамблея избирает Генеральный Совет, который состоит из одинакового числа прихожан и священников. Он встречается ежегодно и избирает членов правления и директоров отделов. Он также пересматривает правила управления, бюджет, и то, как происходит основное служение церкви в мире.
- Церкви на местах сгруппированы в округа и ими руководят окружные суперинтенданты. Церковь на уровне округа организована для миссионерских целей и встречается ежегодно на окружной ассамблее. Окружная ассамблея избирает окружного суперинтенданта, в чью ответственность

входит поддержка церквей и пасторов, открытие новых церквей, и поддержание здоровой атмосферы в округе.
- Церкви призывают на служение своих собственных пасторов после консультации и утверждения их окружными суперинтендантами. Они сами управляют своими финансами и ежедневными делами.
- Назарянские округа сгруппированы в регионы по всему миру. В данный момент существует шесть регионов: Африка, Азиатско-Тихоокенский регион, Евразия, Центральноамериканский регион, Южная Америка, и регон США и Канада. Мировые регионы созданы так, чтобы исполнять миссию церкви. Они не являются частью формы правления.
- Церковные здания и приходы являются частной собственностью округа, но ими управляют общины.
- Как женщины, так и мужчины могут служить на разных должностях в церкви – как священники и прихожане.
- Наши важные документы, структура управления и форма правления собраны вместе в *Руководстве Церкви Назарянина*. Изменения в *Руководство* вносятся генеральной ассамблеей.

ЦЕРКОВЬ

ПОМЕСТНАЯ ЦЕРКОВЬ

Церковь Назарянина хочет, чтобы все люди испытали преобразующее действие Божьей благодати через прощение грехов и очищение сердца в Иисусе Христе посредством силы Святого Духа.

Наша основная миссия – это «воспитать учеников подобных Христу во всех народах». Мы верим, что это означает, что новые верующие должны стать частью нашего общения как члены поместной церкви, где они получат все, чтобы служить Христу.

Главная цель общины веры – представить каждого человека совершенным во Христе в последний день (Кол. 1:28).

Именно поместная церковь – это место, где происходит спасение, совершенствование, обучение и назначение на служение верующих. Поместная церковь, Тело Христа, представляет нашу веру и миссию.

ЦЕРКОВЬ НА УРОВНЕ ОКРУГА

Для административных целей мы группируем поместные церкви в округа и регионы.

Округ – это организация, состоящая из независимых поместных церквей. Это сделано для того, чтобы миссия каждой поместной церкви была реализована при помощи взаимной поддержки, сотрудничества и совместного использования ресурсов.

Окружной суперинтендант руководит конкретным регионом вместе с окружным консультационным советом.

ВСЕМИРНАЯ ЦЕРКОВЬ

Основанием для единства в Церкви Назарянина служат верования, форма правления, определения и процедуры, которые можно найти в *Руководстве Церкви Назарянина*.

Центром этого единства являются Догматы веры. Мы поддерживаем церковь во всех регионах в том, чтобы перевести *Руководство* на все языки, распространить и научить наших людей тому, во что мы верим. Это вплетается золотой нитью во все, что мы делаем, как назаряне.

Важным отражением этого единства является Генеральная Ассамблея, которая является "высшим органом, формулирующим учение, принимающим законы и наделяющим власть посредством выборов в Церкви Назарянина» (*Руководство* 300).

Вторым показателем такого единства является международный Генеральный совет, который представляет всю церковь.

Третий показатель – это Совет Генеральных суперинтендантов, которые могут интерпретировать *Руководство*, утверждать культурные адаптации этого руководства и рукополагать людей на служение.

Правление Церкви Назарянина является представительским, и таким образом избегаются экстремальные проявления епископальной формы правления с одной стороны, и неограниченный конгрегационализм с другой стороны.

У церквей не просто есть связи, но церкви взаимосвязаны. Эти связи, которые соединяют нас, намного сильнее, чем просто один канат, который может быть перерезан в один момент.

Что же является источником наших общих связей? Это Иисус Христос.

ЦЕРКОВЬ С ВЗАИМОСВЯЗЯМИ

Церковь Назарянина — это сеть взаимосвязанных между собой людей и церквей, которые обращают особое внимание на учение о святости. Это не просто свободный союз нескольких независимых церквей, и не деноминация, которая является ассоциацией церквей, разделяющих несколько общих верований, без настоящих органических взаимоотношений.

В этой церкви существуют настоящие взаимосвязи.

Под этим мы подразумеваем, что это взаимозависимое объединение поместных церквей, организованных в округа, для того, чтобы исполнить общую миссию по «воспитанию учеников подобных Христу во всех народах». Наше посвящение заключается в том, чтобы быть подотчетными друг другу ради нашей общей миссии и поддерживать чистоту наших общих верований.

Как у церкви с взаимосвязями у нас есть:

- Общие верования.
- Общие ценности.
- Общая миссия.
- Общие ответственности.

Общие ответственности включают в себя финансовое сотрудничество. Каждая община жертвует в Евангелизационный фонд и собирает другие особые пожертвования для миссионерской деятельности церкви.

С самого начала Назаряне воспитывали учеников подобных Христу во всех народах посредством всемирного служения. Те части мира, которые были достигнуты для Христа, продолжают расти и развиваться. Когда вы молитесь и щедро жертвуете, вы присоединяетесь к другим, чтобы сделать намного больше, чем вы могли бы сделать в одиночку. У каждого пожертвования, собранного вашей поместной церковью, есть цель, которая заключается в финансировании миссии.

Церковь Назарянина придерживается принципа, что у всех есть право пожертвовать, но не обязательно давать одинаковую сумму. Это библейская идея, и это важно для всемирной церкви, несмотря на экономическое развитие поместных церквей.

Всемирный Евангелизационный фонд – это план деноминации по предоставлению средств на служения церкви. Иногда вы можете услышать слова «финансирование миссии». Это более широкий термин, чем Всемирный Евангелизационный фонд. Он используется для того, чтобы показать, что миссия финансируется разными путями в разных частях мира.

Поддерживание миссионерской деятельности церкви и миссионеров церкви происходит постоянно при помощи регионов, входящих во Всемирную Миссию. Финансирование миссионерской деятельности церкви очень важно, так как это жертвенное служение на благо многих.

Если посмотреть на ту сумму, которая собирается по всему миру, в среднем 86.1 процентов расходуется на служение в поместных церквях. 4.5 процента используется на служение округа. Назарянские колледжи обучают и взращивают студентов, используя всего 1.8 процентов из этого фонда. Остальные 7.6 процента денег из этих средств поступают во Всемирный Евангелизационный фонд для миссионеров, всемирного служения церкви и для особых миссионерских проектов.

Как видите, ваши пожертвования дают возможность обучать, наставлять учеников, и нести Благую весть детям, молодежи и взрослым. Когда вы даете пожертвования, то вы присоединяетесь с другими назарянами к церкви с взаимосвязями; таким образом вы проявляете любовь к страдающим людям, находите потерянные души по всему миру и воспитываете учеников подобных Христу во всех народах.

Мировой Евангелизационный фонд, особые проекты, и финансирование миссионерской деятельности церкви – все это части общей ответственности — и это делает возможным то, что церковь посылает миссионеров, подготавливает национальных лидеров, предоставляет учителей для евангелизации, ученичества, и для того, чтобы научить новое поколение назарян.

ХРИСТИАНСТВО. СВЯТОСТЬ. МИССИЯ.

Мы видим исполнение видения нашего первого генерального суперинтенданта Ф. Бризи. Он говорил с самого начала о «божественной панораме» Церкви Назарянина, которая охватывает мир «спасением и святостью для Господа».

Каждый назарянин, где бы он или она не были, участвует в расширенной реальности этого видения.

Каждая преображенная жизнь – это свидетельство веслианского учения о святости и полном спасении для всех.

Миссия церкви по «воспитанию учеников, подобных Христу, во всех народах» напоминает нам, что нам дана духовная ответственность, и в то же время мы должны быть хорошими распорядителями всех ресурсов, данных нам Господом.

Миссия исходит от Бога, что означает, что наша цель является целью наивысшего порядка, и это возможно совершить благодаря Духу Святому, обитающему в нас.

В то время, когда мы воздаем честь и хвалу нашему «духовному наследию», церковь не может вернуться в прошлое, и не может остаться на одном месте, там, где она сейчас. Как последователи Христа, мы продолжаем двигаться вперед к городу, «которого художник и строитель Бог» (Евр. 11:10).

Смотрите, Бог творит все новое!

www.ingramcontent.com/pod-product-compliance
Lightning Source LLC
Chambersburg PA
CBHW061339040426
42444CB00011B/3004